A MONSEIGNEUR DE LAMOIGNON ADVOCAT GENERAL du Parlement.

ONSEIGNEUR,

Le talent de la parole est si naturel aux personnes de vostre Mai-

son, qu'il est difficile d'en prendre ailleurs des idées qui ne vous conviennent : & c'est un nom si propice à l'Eloquence que le vôtre, qu'on ne peut presque rien escrire sur ce sujet qui ne vous regarde. Chacun sçait, que la premiere gloire que vous avez acquise en entrant dans le monde, vous est venuë de l'Eloquence : & que c'est à elle à qui vous devez les premiers applaudissemens que vous avez merité du Public.

Mais sans m'arrester à vous, MONSEIGNEUR, *qui dans les fonctions ordinaires de vostre Charge, parlez toûjours si admirablement, sans vous soucier qu'on vous admire : on ne peut entreprendre de rien dire de raisonnable sur cet Art, que la memoire de l'illustre Pere que vous venez de perdre, ne revien-*

REFLEXIONS SUR L'USAGE DE L'ELOQUENCE DE CE TEMPS.

Troisiéme edition, reveuë, corrigée & augmentée par l'Auteur.

Par le R.P. Rapin Jesuite

A PARIS,
Chez François Muguet, Imprimeur du Roy & de Monseig. l'Archevesque.

MDCLXXIX.

Avec Privilege du Roy.

ne dans l'esprit : & que nous ne retrouvions presque par tout les vestiges de son éloquence imprimez dans les lieux où il a parlé. En effet, ce don merveilleux de la parole n'a jamais paru avec plus d'éclat que dans ce grand Homme. Tout estoit éloquent en sa personne, jusques à son air & à son silence.

Au reste, son éloquence ne fut point seulement l'effet de ce rayon d'autorité, que la grandeur a coûtume de marquer sur le front des hommes extraordinaires : ce fut le fruit d'une naissance heureuse. Car outre qu'il avoit une grande vivacité jointe à une plus grande solidité de jugement, que l'esprit & la raison estoient en luy dans une égale force ; qu'il avoit l'imagination nette, subtile, droite : outre qu'il avoit la voix belle, éclatante, naturel-

le : qu'il avoit reüny une capacité presque immense à une profonde sagesse : il avoit encore les sentimens élevez, & la noblesse de son ame paroissoit peinte en quelque façon dans la noblesse de son discours. Mais tout sçavant qu'il estoit : & quelque disposition qu'on ait d'ordinaire à croire ceux qui sont les plus éclairez : il persuadoit encore davantage, par l'opinion qu'on avoit de sa probité, que par l'estime qu'on avoit de son sçavoir. Car les moins gens de bien se font toûjours une espece de vertu de se laisser persuader à un homme vertueux.

Præferens in dicendo nobilitatem suã. Quintil.

Ainsi ce n'estoit pas tant à la grandeur de son éloquence, & à sa dignité, à quoy l'on se soûmettoit, qu'à l'autorité de sa vertu : & on avoit honte de ne pas se rendre à ses raisons, dés qu'on estoit raisonnable. Combien de fois l'a-t-on veu, par le pouvoir de la parole devenir le maistre des resolutions de ceux, avec qui il traittoit: comme s'il eust eu leur cœur entre ses mains, pour en faire ce qu'il luy plaisoit? Combien de fois l'a-t-on admiré faisant revenir, par la force de son genie ceux qui s'écartoient de son sentiment: leur proposant ses lumieres comme des doutes, pour leur laisser entrevoir l'équité de l'affaire dont il s'agissoit: & à force de raison & d'autorité leur faire couler insensiblement dans l'ame la verité des choses dont il estoit luy-mesme persuadé? Combien a-t-on oüy de fois, au milieu des flatteries & des déguisemens de la Cour, cette voix de la liberté, mais sage, respectueuse, convenable à l'estat de nos affaires, & au regne *d'un Roy juste, qui élevé au dessus de tout, ne voit que la raison au dessus de luy pour s'y rendre, dés qu'on la luy fait connoistre. Et quoy que ce fust d'ordinaire le zele qui faisoit parler cet homme de bien: parce que ce n'estoit que pour la défense des Loix du Royaume, pour l'interest de l'Estat, & pour le peuple qu'il parloit: il le faisoit toûjours sagement: également attaché au Roy, & dévoüé au Public, soûtenant l'autorité du Prince devant ses sujets, & l'interest des sujets devant le Prince, avec une discretion qui le faisoit taire, quand il ne faloit pas parler, & une fermeté qui le faisoit parler, quand il ne faloit pas se taire.*

Mais ce n'estoit pas seulement dans les occasions où il parloit au Roy, ny dans les ouver-

tures du Parlement dont il faisoit des instructions publiques à ceux qui l'écoutoient, que son éloquence a paru davantage. C'estoit quelquefois dans des affaires impreveuës, où son esprit avoit coûtume de redoubler sa force. C'estoit dans des entretiens particuliers, où il s'agissoit de la seureté du Public, de la gloire de l'Estat, ou d'autres semblables affaires. Car alors par le pouvoir de la raison, qu'il sçavoit mettre toûjours de son côté, & par la force de son éloquence, il se rendoit tellement le maistre des esprits, qu'on avoit de la peine à conserver la liberté de ses sentimens. Ce qui fit dire un jour à un des hommes des plus importans de l'Estat, tant par la qualité de son esprit, que par celle de son rang, qu'il n'entroit point volontiers en éclairciſſement ſur quoy que ce ſoit, avec Monſieur le premier Preſident de Lamoignon : parce qu'il ne manquoit jamais de luy faire changer d'opinion.

Il eſt vray qu'avec les agrémens de ſa perſonne, & les charmes ſecrets de ſon éloquence, il répandoit dans ſes diſcours tant de ſens & tant de raiſon, qu'il rejaliſſoit ſur ſes moindres paroles une lueur de verité & de juſtice, qui rendoit invincible ce qu'il diſoit. Car il avoit joint à ces graces naturelles une infinité de graces artificielles, qui le faiſoient toûjours triompher des cœurs.

Il s'eſtoit acquis par une vie irreprochable une reputation d'integrité dans un ſi haut point, que le Public toûjours prevenu en ſa faveur, ne l'écoutoit jamais qu'avec des applaudiſſemens conti-

nuels, persuadé qu'il estoit, que cet homme si bien intentionné n'ouvroit point la bouche, que pour la défense des Loix, ou pour l'interest de la Iustice. Ses avis aussi estoient écoutez comme des oracles: & l'on ne le regardoit que comme le protecteur du peuple, envoyé du Ciel, pour le salut de sa patrie. Il est vray que l'équité, la droiture, l'honneur, l'interest du public estoient toûjours les principes les plus ordinaires de sa Morale: il ne faloit que l'entendre parler, pour reconnoistre dans ses discours la sincerité de ses sentimens, la pureté de ses intentions, & son parfait des-interessement.

Enfin, jamais peut-estre personne n'a eu un plus grand naturel pour la parole: ny n'a joint plus d'art & d'estude, à plus de genie: il estoit parvenu à ce degré de perfection si merveil-

leux, par ſon application aux lettres, & par ſes conferences avec les plus grands hommes du Siecle, qu'il avoit fort pratiquez. Car par là il devint le modele le plus achevé de l'Eloquence que nous ayons veu de nos jours: ſelon l'idée que s'en eſtoit formé S. Auguſtin, qui pretend qu'il n'y a point de vraye Eloquence que celle qui convient à la perſonne de celuy qui parle: car jamais homme n'a parlé plus conformement à ſa dignité, & à ſon caractere.

Non eſt Eloquentia, quæ perſonæ non convenit. *Aug. lib.* 4. *de doctr. Chriſt. cap.* 9.

Mais ſi Monſieur le premier Preſident de Lamoignon, eſtoit ſi fort au deſſus de tous les autres hommes, par ce talent de l'Eloquence qui eſtoit la moindre de ſes qualitez: que ſeroit-ce, ſi je le repreſentois tout entier: puis qu'il paroiſt ſi admirable par ce ſeul trait que je viens de luy donner. A la verité, on peut dire en general, qu'il a esté le Magistrat le plus grand du siecle, par l'étenduë presque immense de sa capacité, & par les principes d'une Morale qui ne luy a jamais laissé rien faire en sa vie, que de loüable. Il avoit reüny en sa personne une probité si austere avec tant de grace & de politesse, une justice si severe & si rigoureuse à tant de douceur & de bonté, il avoit joint tant de sçavoir à tant de modestie, qu'on n'a presque point veu qu'en luy ces qualitez tout ensemble.

Et si jamais ma force pouvoit répondre à mon zele, peut-estre serois-je assez heureux pour l'interest de la vertu, & pour l'honneur de nostre siecle, d'apprendre un jour à la posterité, quel homme c'estoit: son merite ayant perdu quelque chose de son prix dans l'opinion de ceux parmy lesquels il a vècu: parce que les occasions de le faire paroistre luy ont manqué. Mais outre que la conjoncture des temps ne luy a pas esté toûjours favorable pour montrer toute sa vertu: sa modestie le faisoit agir d'une maniere simple & commune, dans les affaires les plus importantes, & il n'a esté grand principalement, que par des qualitez cachées. Ie ne sçay même si nostre siecle seroit en estat de comprendre une vertu si fort au dessus de sa portée: & je crains qu'on ne fist passer pour incroyable un merite si extraordinaire: si je voulois dire tout ce que j'en sçay: & si j'entreprenois de lever ce voile, sous lequel il a mis à couvert tant de grandes choses, dont il a dérobé la connoissance au Public: ne pensant à faire son devoir que par le seul plaisir qu'il avoit à le faire; cachant le reste dans un silence profond, dont il faisoit une de ses principales vertus. Car quoy qu'il eût bien de la grandeur dans l'ame, il n'avoit ny ambition dans la teste, ny vanité dans le cœur.

C'est sur ce grand modele, MONSEIGNEUR, *que vous avez eu si long-temps devant les yeux, que vous vous estes formé: & que vous avez renoncé au plaisir dans la fleur de vostre âge, pour vous appliquer uniquement à en copier jusques aux moindres traits. C'est là que vous avez trouvé une source de bonté, de sçavoir, de justice & de pieté qui ne se trouve point ailleurs. Et de quoy n'estes-vous pas capable, dans une estude pareille à celle-là, & en imitant un tel Pere? Quel bon-heur pour vous d'avoir eu un exemple domestique, qui renferme luy seul tous les autres exemples : & de n'avoir pas besoin de sortir de chez vous, pour trouver des modeles de toutes les vertus. Si vous estes assez heureux pour achever de vous rendre semblable à ce Pere si accomply, comme vous avez commencé : le Public continuëra à respecter en vous les grandes qualitez qu'il a admirées en luy. Mais j'oublie que c'est de sa seule Eloquence que j'ay entrepris de vous parler, en vous presentant pour la troisiéme fois ces Reflexions sur l'Eloquence. Ie suis avec ce respect & ce dévoüement que vous sçavez,*

MONSEIGNEUR,

Vostre tres-humble, tres-obeïssant serviteur, RAPIN, de la Compagnie de JESUS.

REFLEXIONS

REFLEXIONS SUR L'USAGE DE L'ELOQUENCE DE CE TEMPS EN GENERAL.

Uoy que la veritable Eloquence ait un empire plus absolu que n'est celui de l'autorité, ou de la violence, ausquelles on ne se soûmet d'ordinaire que par bienseance ou par contrainte : cet empire toutefois est sujet à des revolutions & à des decadences, comme les autres. Car on a bien de la peine à trouver dans le temps où nous sommes quelques restes de ce pouvoir que l'Eloquence exerçoit autrefois ſur les eſprits, & dont il ſe voit des marques ſi éclatantes dans les Siecles & dans les Eſtats où elle a regné. Il ne ſe fait plus maintenant de ces miracles de la parole, ny de ces chef-d'œuvres du diſcours, qui ont paru dans les lieux, où l'Eloquence floriſſoit.

Car qui eſt aujourd'huy l'Orateur, qui ſoit le maiſtre des reſolutions de ceux à qui il parle. On a vû autrefois cette maiſtreſſe des cœurs remettre en un tour de main le calme dans un peuple émeu & mutiné : on l'a veuë dans des deliberations publiques d'une aſſemblée confuſe, faire des impreſſions ineſperées ſur des eſprits prevenus : appaiſer les ſeditions, en inſpirant aux timides la hardieſſe, qu'elle oſtoit aux inſolens & aux revoltez : & en contraignant les uns & les autres de ſuivre aveuglement ſes conſeils. On l'a veuë auſſi dans les armées aller de rang en rang redonner du cœur aux ſoldats par la bouche des Conquerans, & triompher enfin par les armes de ceux qu'elle venoit de vaincre par ſes raiſons.

Mais il ne nous reste que l'ombre de cette Eloquence victorieuse que nous ne possedons presque plus qu'en idée. Examinons d'où vient ce desordre, en un temps où l'on se pique tant d'esprit. Voicy ce me semble les reflexions que l'on peut faire sur ce sujet, & sur l'Eloquence de ce temps en general.

Ingenii ipsius lumen eloquentia. Cic. Orat.

I. REFLEXION.

Aristote, Ciceron, Quintilien, & Longin qui nous ont laissé des Traitez de Rhetorique les plus accomplis de l'antiquité, remarquent que cette Eloquence, telle qu'on l'a veuë autrefois dans Athenes & dans Rome, avant que ces deux Republiques eussent perdu leur liberté, ne peut regner que dans un peuple libre & independant. C'est une fiere & une superbe maistresse, qui ne peut s'assujettir à la servitude ny à la flaterie : & Aristote pretend qu'elle n'eut aucun succés en Sicile, pendant que les Tyrans en furent les maistres : quoy que tous les autres Arts y fussent florissans. C'est l'avis de ces grands hommes, qui estoient à la verité bien capables d'en juger ; mais qui cependant se sont un peu laissez prevenir en faveur du Gouvernement, où ils avoient esté nourris : je ne suis pas tout à fait de leur sentiment.

II.

Comme les honneurs que la Grece rendit à l'Eloquence, la firent considerer par les autres peuples, & qu'elle n'eut du succés à Rome que par les glorieuses recompenses, qu'on luy proposoit : son credit y cessa aussi-tost que ces recompenses y cesserent. Il ne faut donc pas s'etonner si le fruit qui revient de cet Art estant maintenant si disproportionné au travail & à l'application qu'il demande ; il se trouve si peu d'Orateurs assez courageux pour en soûtenir la fatigue ; quand sur tout elle n'est appuyée d'aucune de ces esperances, qui piquent ou l'interest ou l'ambition. On parvenoit à tous les honneurs par l'Eloquence dans les Estats où elle a regné : & l'on ne parvient presque à rien, ou du moins à fort peu de chose, par le mes-

Sibi persuaserant neminem sine eloquentia, aut assequi posse in civitate, aut tueri cõspicuum & eminentem locum : *de caus. corrup. eloq.*

me chemin dans le temps où nous ſommes. Cela ſeul eſt capable d'etein dre l'ardeur de l'etude neceſſaire à l'Eloquence, & d'en rebuter les eſprits.

III.

Cette grandeur de genie que demande l'Eloquence, & que nous cherchons, ne ſe rencontre plus : c'eſt un don du Ciel, & l'ouvrage de pluſieurs ſiecles. Car outre la naiſſance heureuſe pour la parole, l'aſſemblage des ſeules qualitez naturelles requiſes pour reüſſir en l'art de parler eſt extremement rare. Il faut beaucoup d'elevation d'eſprit, un grand ſens, & une ſolidité de jugement, qui doit eſtre perfectionnée par l'uſage du monde, & par une connoiſſance profonde des lettres. Il faut auſſi une grande étenduë de memoire & d'imagination, une comprehenſion aiſée, une voix claire & diſtincte, un viſage qui n'ait rien de rebutant, une prononciation nette & animée, un air d'autorité, & pluſieurs autres qualitez, qui eſtant d'ordinaire incompatibles d'elles-meſmes ; il eſt tres-difficile qu'elles puiſſent ſe trouver toutes enſemble. Ce qui a donné lieu à Ciceron de ſe plaindre, meſme en ſon temps, où l'Eloquence fut ſi floriſſante, qu'à peine trouvoit-on dans chaque ſiecle deux Orateurs qui meritaſſent d'eſtre eſtimez. Ce n'eſt pas aprés tout, que cela ne ſe puiſſe trouver encore, comme il s'eſt trouvé autrefois. Mais on n'a pas d'ordinaire aſſez de lumiere pour reconnoiſtre en ſoy-meſme ces qualitez quand elles y ſont, ou aſſez d'application & de ſoin, pour les cultiver. Ainſi elles y ſont, comme ſi elles n'y eſtoient pas.

Cernimus vix ſingulis ætatibus binos oratores laudabiles extitiſſe : *de orat.*

I V.

Outre le naturel, il faut encore pour eſtre éloquent, une grande capacité & une grande application. Ce furent auſſi ces trois parties qui rendirent l'Eloquence de Brutus, que Ciceron loüe tant, ſi fort accomplie. Mais dans cet attachement à l'eſtude & dans cette aſſiduité au cabinet, qui ſont neceſſaires pour ſe remplir l'eſprit des connoiſſances propres à l'E-

Erat in Bruto natura admirabilis, exquiſita doctrina, & induſtria ſingularis, *de claris orat.*

Multo labore, aſſiduo ſtu-

loquence, il eſt bon de puiſer dans les ſources, d'étudier à fond les Anciens, principalement ceux qui ſont originaux : & ſur tout ſe faire un ſujet d'une meditation perpetuelle de la Rhetorique d'Ariſtote, qui a pris le ſoin d'expoſer ſi exactement tout le détail des mouvemens du cœur de l'homme, la premiere choſe que l'Orateur doit eſtudier : il doit commencer par là s'il veut remuer l'ame de ſes auditeurs par le mouvement des affections, qui ſont les veritables reſſorts de cette machine ſi difficile à ébranler. Il faut dit Ciceron que l'Eloquence embraſſe tous les devoirs de la vie civile, qu'elle ſache l'origine, la force, la vertu, les changemens de toutes choſes, qu'elle poſſede la connoiſſance de la nature, en ce qui concerne la vie, les mœurs, les inclinations des hommes, qu'elle étende ſa juriſdiction ſur les loix & ſur les coutumes des peuples & ſur le gouvernement des republiques : enfin il pretend qu'elle n'ignore rien, parce qu'elle doit parler de tout. En effet, à moins que de ſe faire un grand fonds

dio, variæ exercitatione, pluribus experimentis, altiſſima prudentia, præſentiſſimo conſilio conſtat ars dicendi. *Fab. l. 2. c. 13.*

Cic. lib. 1. de orat.

d'erudition, non ſeulement l'Orateur ne peut eſtre en état de decider rien, mais meſme ſon eſprit ne peut eſtre capable d'aucune production raiſonnable, ſelon le ſentiment de ce critique de ſi bon ſens : *Neque concipere, neque edere partum mens poteſt ; niſi ingenti flumine literarum undata.*

Pet. ſatir.

Car quel moyen qu'il éclaire les autres, s'il n'eſt luy-meſme éclairé ? Et qui eſt ce qui peut ſoûtenir le travail d'une eſtude auſſi opiniaſtre, & d'une perſeverance auſſi grande que doit l'eſtre celle de l'Orateur qui ne doit rien ignorer ? Mais il faut remarquer que cette application à l'étude de l'art ne peut reuſſir que dans ceux qui ont du naturel. Ceux qui n'en ont pas, s'embarraſſent des preceptes que les Maiſtres donnent dans l'école : & comme l'art de chanter ne reuſſit pas à celuy qui n'a pas de voix : l'art de parler ne peut reuſſir à celuy qui n'a pas de genie pour la parole. Ce n'eſt pas que quand on a l'eſprit bien fait, on ne ſoit en eſtat de tirer du ſecours des preceptes, quoy qu'on n'ait pas tout à fait du naturel.

V.

La veritable Eloquence estant si difficile à acquerir, on veut du moins se recompenser par les apparences d'une Eloquence fausse, qui a eu cours parmy les Grecs & les Latins dans la decadence de leurs Republiques, & qui n'a pû subsister que dans la servitude de ces peuples. Les Sophistes dont Philostrate & Eunapius ont décrit les vies, étaloient dans les places publiques cette fausse Eloquence qui donne tout à l'exterieur, par des discours vagues & en l'air : & ces declamateurs n'avoient presque point d'autre but par ces discours, que d'amuser le peuple. Toutefois parce que cette Eloquence n'avoit rien de naturel, & que ses ornemens ne servoient qu'à l'affoiblir, tous ses mouvemens estoient faux, elle ne touchoit point le cœur, & n'entroit en aucune façon dans l'esprit ; ainsi elle ne donnoit tout au plus qu'un plaisir fort superficiel aux sens, & n'étoit qu'un simple passe temps pour les faineans & les oisifs. La vraye Eloquence va au cœur, elle touche l'ame & se fait sentir à elle. La fausse n'est qu'un son de paroles qui flatte l'oreille, & dont il ne reste rien dans l'esprit. La vraye est forte, vigoureuse qui ne s'amuse point aux fleuretes, & qui ne recherche point de vains ornemens : car ce ne sont que les fausses beautés qui ont besoin de fart, les vrayes & les naturelles ont leurs graces d'elles mesme. Mais comme il est fort aisé de prendre universellement en toutes choses le faux pour le vray, parce que celuy-là s'offre de luy-mesme à l'esprit, & que l'autre ne se trouve qu'avec de l'etude & du soin ; on ne doit pas s'estonner si l'on prend souvent l'apparence pour la verité dans l'Eloquence, aussi bien que dans les autres choses. Apres tout, quand on a du discernement, on trouve qu'il y a peu de veritables éloquens & de parfaits Orateurs ; & que la pluspart de ceux qui parlent en public, ne sont que de purs declamateurs : & que le plus souvent ce qu'on appelle un talent de parler, n'est qu'un flux de paroles, & qu'une vivacité d'imagination.

VI.

On ne s'exerce presque jamais à l'Eloquence par la voye la plus ordinaire & la plus seure qu'il y a pour y parvenir, qui est l'exercice frequent de la composition; à quoy il faut s'appliquer avec quelque sorte d'assiduité pour en acquerir l'habitude : car rien n'est égal à l'avantage qu'on en reçoit. C'est par cette voye que Demosthene & Ciceron sont parvenus à ce degré de perfection que chacun sçait : & sans parler du premier qui s'enferma tant d'années, pour se former à l'Eloquence, personne n'ignore que le second employa tout le loisir que ses affaires luy laissoient, à s'exercer à bien dire, par un frequent usage de la composition.

Nulla res tantum ad dicendum proficit, quantum scriptio. *Cic. in Brut.*

Caput est, quod minime facimus : est enim magni laboris, quod fugimus, quam plurimum scribere. *1. de orat.*

VII.

On ne s'estudie point à dire les choses correctement, ny à en faire des portraits justes; on en dit d'ordinaire ou trop, ou trop peu : le milieu qu'il faut tenir est connu de peu de gens, parce qu'il est imperceptible,

& qu'il y a peu de regles pour le connoiſtre : & comme un Peintre habile ſçait diſtinguer les paſſions dans les ſujets differens où il les exprime; qu'il ne fait jamais la joye d'un Prince comme celle d'un valet, ny la fierté d'un ſoldat comme celle d'un General d'armée : Il y a auſſi dans les mouvemens de l'ame de differens degrez, que l'Orateur doit diſtinguer, pour n'en pas confondre les images : ce qui n'eſt apres tout ny bien compris ny bien entendu que par les maiſtres de l'Art. L'ignorance de ce principe ſi peu pratiqué fait ſouvent faire des portraits ou trop forts ou trop foibles à l'Eloquence, quand elle n'eſt pas conſommée. Il eſt important dans la multitude des idées qui s'en preſentent à l'eſprit, de faire un choix juſte, ſans prendre le faux pour le vray. Ce qui demande un diſcernement exact, une grande experience, & une intelligence exquiſe. On doit ſur tout faire reflexion, que dans les extremitez, où la chaleur du genie peut emporter, le trop choque toûjours plus que le trop peu, que l'ex-

In omnibus rebus vidédum quatenus : etſi enim, ſuus cuique modus eſt: tamen magis offendit nimiũ, quam parum. *De clar. orat.*

cés des paroles a moins d'effet, que la ſobrieté : & qu'il y a moins de vray ſemblance dans ce qui eſt exceſſif, que dans ce qui ne l'eſt pas. Ce que l'Orateur Romain repete tant de fois dans ſes livres de Rhetorique : car le trop eſt toûjours une marque d'emportement, ce qui eſt un grand défaut: & le trop peu eſt une marque de moderation & de retenuë, qui eſt toûjours une vertu. Enfin tout ce qui eſt diſproportionné dans l'Eloquence eſt auſſi faux, que ce qui eſt diſproportionné dans la Morale eſt ridicule.

VIII.

Aprés tout, la vraie Eloquence qui n'a rien que de réel, conſiſte à bien repreſenter les choſes comme elles ſont. Le tour le plus naturel de les dire, eſt toûjours le plus difficile, mais c'eſt auſſi le plus agreable : parce que rien ne plaiſt en cet art que ce qui eſt naturel. Et comme la vraye penetration eſt de voir les choſes comme elles ſont : la vraye perſuaſion eſt de les faire ſentir par les images que l'Eloquence en fait, comme elles doivent eſtre. Mais parce que les choſes frappent plus fortement l'eſprit immediatement par elles-meſmes, que par leurs images: ces images qui ne ſont que les figures de l'Eloquence ne doivent eſtre miſes en uſage, que quand elles ſont plus fortes & plus exceſſives, que les choſes meſmes.

IX.

On ne ſe donne pas la peine d'étudier ſon naturel pour le ſuivre, ſans ſe contraindre: ou en affectant des manieres qui ne luy conviennent pas; ou en le forçant par des études violentes dont on l'accable; ou enfin en luy impoſant un plus grand air, ou plus d'art qu'il n'eſt capable d'en ſoûtenir. C'eſt ce qui commença dans Athenes à faire degenerer l'Eloquence de la grandeur qu'elle y avoit euë ſous Periclés, Lyſias, Eſchinés, & Demoſthene: comme Ciceron & Quintilien le remarquent, parlant de Demetrius le Phalerien, qui affecta plus d'art que ſon genie n'en pouvoit porter.

Phalereus primus inclinaſſe eloquentiã dicitur. *Fab. lx c. 1.*

Phalereus non tam armis, quã palæſtra inſtitutus. *Cic. in Brut.*

X.

La prononciation qui est une des plus importantes parties de l'Eloquence est une des plus negligées. C'est elle qui rend l'Eloquence sensible au peuple par la composition de l'exterieur, & qui a l'art d'imposer par les apparences, quand celuy de toucher par les effets luy manque. Si sa vertu est si grande, que de faire impression sur les esprits, mesme dans les sujets feints & supposez, comme elle fait sur le theatre; que ne doit-elle point faire dans les veritables? Mais cette art admirable devient inutile à ceux qui parlent en public, par le peu de soin qu'ils ont de s'en servir & de s'y appliquer. Il est vray qu'il faut du naturel pour y reüssir: mais quand il manque, l'application peut y suppleer. L'Eloquence de Demosthene devint admirable par sa prononciation, quoy qu'il n'y eût aucune disposition naturelle: & il ne fut obligé de ce succés qu'à la contrainte qu'il se fit pour y parvenir. Mais parce qu'on se rebute trop aisement de ces contraintes, & qu'on ne peut se resoudre à se donner la peine qu'il faut pour se former à cet exercice : on pert ce grand advantage que la prononciation donne à l'Orateur, par ces expressions passionnées qu'elle inspire aux yeux & au visage pour s'expliquer. Ainsi on peut dire que rien n'empesche davantage les effets ordinaires de l'Eloquence, que le peu de soin qu'on a de son exterieur, dont tous les défauts deviennent d'autant plus sensibles, qu'on est plus delicat sur le plaisir qu'on cherche dans l'Eloquence : qui faisant profession de plaire, n'a rien de plus opposé, que ce qu'il y a de choquant & de desagreable dans l'action.

X I.

Positum sic imprimis sine philosophia non posse effici quem quærimus eloquentem. *Cic. orat.*

Ceux qui font profession de parler en public, ne sont pas assez soigneux de mettre en usage la Logique, ou par une pure negligence de s'en instruire, ou par une impuissance naturelle de la pratiquer ; ou enfin par une méchante affectation de ne s'en mettre pas en peine. Les discours de ceremonie, où les interests de l'Estat, ny ceux de la Religion n'ont aucune part, & qui sont purement d'appareil, sont d'ordinaire ceux où la Logique se trouve la plus defectueuse : parce qu'ils sont trop vagues & trop abstraits par les matieres generales dont ils traitent. La Logique est la premiere regle du discours, & l'organe universel de la parole : discourir sans cet instrument, ce n'est proprement que battre l'air & faire du bruit : on ne peut rien dire de judicieux, ny même de supportable sans elle. Combien toutefois l'abandonne-t-on ? Et quand on veut la mettre en usage, combien luy fait-on faire d'extravagances, ou par les contraintes qu'on luy fait, ou par la confusion des expressions, dont on l'embarrasse ; ou enfin par l'idée qu'on se forme de faux raisonnemens, pour en faire un supplément à la veritable raison, qui ne se peut rencontrer que dans un esprit net, droit & penetrant. La rareté de ce caractere fait que l'Eloquence se trouve si defectueuse dans la plusspart de ceux qui en font profesſion : parce que les raiſonnemens ſur leſquels on l'établit, ſont ou trop recherchez, ou peu ſuivis, ou meſme faux, & chimeriques. Et à bien examiner les choſes, on trouvera que pour l'ordinaire l'uſage de l'Eloquence de ce temps n'a point de défaut plus eſſentiel que celuy du raiſonnement: à quoy l'on n'a pas aſſez de ſoin de ſe former. Ce qui ne ſe fait pas tant par l'eſtude de la Logique qu'on apprend au College, que par la lecture de la Rhetorique d'Ariſtote, & par le frequent commerce qu'on doit avoir avec les bons livres, dont la lecture imprime à l'eſprit une juſteſſe de ſens, qui ne peut s'acquerir ſans cela. C'eſt quelquefois un don qui vient purement de la nature qu'un ſens droit : mais quand on ne l'a pas, on ne le trouve que dans l'uſage des livres, dont il faut encore faire le diſcernement : car il y a des livres, qui bien loin de rectifier le ſens, ſont capables de le gâter & de le corrompre. Il faut prendre conſeil des ſçavãs ſur cela, quand on n'eſt pas en eſtat de le prendre de ſoy-meſme : c'eſt dequoy peu de personnes sont capables, & les jeunes gens beaucoup moins encore que les autres, parce que l'experience & l'usage des choses ne leur a pas encore formé l'esprit. Quoy qu'il en soit, on peut dire que la vraye Dialectique est comme le premier talent de l'Eloquence : parce que c'est elle qui imprime la premiere à l'esprit la parfaite analysie des choses, qui luy marque la distinction & le discernement de ce qui est essentiel, d'avec ce qui ne l'est pas, & qui apprend la methode de bien circonstancier ce qu'on dit. C'est un secret qu'on ne sçait point que par la Dialectique. On est éloquent, dés qu'on est Dialecticien, parce qu'on va dans le détail des choses, par celuy de leurs circonstances. Mais quoy que le défaut de Logique soit un des plus ordinaires à ceux qui parlent en public, c'est toutefois un de ceux où l'on peut manquer le plus impunement. Car il n'y a que les habiles gens, dont le nombre est toûjours le moindre qui soient capables de le connoistre. Ce n'est pas que le peuple ne sente fort

bien la ſuitte naturelle du diſcours, & ce qu'il y a de Logique, ſans le connoiſtre: mais ſa lumiere ne va pas juſques à voir ce qu'il y a de faux dans un raiſonnement, ou de defectueux dans l'ordonnance & dans la ſuite du deſſein. Sur quoy l'on peut ſe former, comme trois ordres d'eſprits. Le premier, de ceux qui ne s'arreſtent qu'aux paroles pour juger de leur beauté, ou de leur défaut. Le second, de ceux qui vont plus loin, & qui jugent des pensées. Le troiſiéme, eſt de ceux qui vont juſques à juger du deſſein, de la ſuite & de la proportion de ſes parties: ce qui n'eſt connu que des intelligens. Il faut eſtre bien éclairé pour voir le défaut de la Logique dans un diſcours: outre meſme qu'il y a des Orateurs qui ne laiſſent pas la liberté à l'Auditeur d'en examiner le fond, par un certain charme de paroles & de penſées, dont ils les ſurprennent: il y en a d'autres qui ébloüiſſent par des manieres agreables qu'ils ont
Fab.l.7.c.3. à dire les choſes. Il y a neantmoins une Dialectique pointilleuſe que Quintilien ne put ſouffrir dans l'uſage de

l'Eloquence, parce qu'elle ne ſert qu'à affoiblir & à déſecher les diſcours.

XII.

Quand on s'applique à l'étude de l'Eloquence, on a ſouvent coûtume de s'y méprendre par les fauſſes meſures que l'on prend ou avec ſoy-meſme, ou avec ſon ſujet, ou avec ceux à qui l'on parle : ce défaut eſt auſſi commun que l'eſt celuy dont je viens de parler. L'Orateur qui a de l'élevation d'eſprit, peche quelquefois par la trop grande complaiſance qu'il a de ſe ſuivre luy-meſme : ſans ſe donner le ſoin de ſe proportionner à ſa matiere, ny de ſe meſurer à la capacité de ceux à qui il parle. Il eſt bien plus aiſé de ſe laiſſer aller à l'impetuoſité de ſon genie, que de ſe regler ſur les circonſtances des choſes dont on parle : parce que l'un eſt un pur effet de l'imagination, & l'autre eſt un effet de jugement, qui eſt un don bien plus rare. Ainſi ce n'eſt pas merveille ſi ceux qui parlent en public ſont ſi ſujets à ce deſordre, d'où naiſſent ces indecences ridicules, & ces diſproportions ſi choquantes, qui ſe rencontrent ſi ſouvent dans les diſcours ordinaires qui ſe font en public: comme de repreſenter les objets plus grands que le naturel: de prendre un grand air en de petites affaires; d'affecter de grandes expreſſions en de petits ſujets; faire le bel eſprit avec le peuple; vouloir eſtre ardent & pathetique dans des ſujets qui ne le meritent pas; accabler des eſprits foibles par des diſcours trop forts. L'Eloquence ceſſe d'eſtre veritable dés que ſes lumieres ceſſent d'avoir de la proportion avec la capacité de ceux à qui elle parle: parce qu'elle ne peut entrer dans l'eſprit que par la convenance des raiſons dont elle ſe ſert pour l'éclairer. La diverſité des âges, des ſexes, des fortunes, des conditions, des lumieres acquiſes ou naturelles doivent obliger l'Orateur à des manieres differentes, pour ſe proportionner aux eſprits de tous ces differents eſtats.

Refert cognoſcere, qui ſint audientiũ mores, quæ publice recepta perſuaſio. *Fab. l. 3.*

Conditione temporum ac diverſitate auriũ formam orationis eſſe mutandã. *Quintil. Dialog. orat.*

XIII.

Il faut ſçavoir en general diſtin-

Vt gubernatori ad

guer les divers caracteres de l'Eloquence, pour s'en ſervir ſelon le beſoin des ſujets qu'on traite, pour ne pas les confondre : on ne les confond jamais impunément, parce que rien n'eſt capable de reüſſir en cet Art hors de ſa place. Le grand air de l'Eloquence doit eſtre pour les grands lieux & les grandes aſſemblées, où ſe trouve la foule & le concours. Car il faut au peuple de grandes manieres, & de ces ſortes de diſcours qui ont de l'eſtenduë, & meſme de la grandeur d'expreſſion. Ce caractere doit auſſi eſtre mis en uſage dans les ſujets élevez & dans les matieres importantes : comme il doit eſtre ſimple, naturel, & ſans affectation aucune d'expreſſion dans les petits ſujets. Les loüanges demandent un ſtyle élevé & diffus, les accuſations le demandent ſerré & auſtere. Enfin l'Eloquence qui doit eſtre grave, & majeſtueuſe dans les diſcours de ceremonie ſimple & modeſte, dans les ſujets qui demandent de la familiarité ou de l'inſtruction aura ſa derniere perfection: ſi elle ſçait ſe ſervir de paroles pro-

incurſus tempeſtatum, ſic agenti ad varietaté cauſarum ratio mutanda. *Quintil. l.* 12. c. 7.

Tenues cauſæ tenue dicẽdi filum requirũt. *Orat.*

Oratio poſcitur auſtera, ſi accuſes, fuſa, ſi laudes. *Quin. l.* 2. c. 4.

portionnées aux choses, & s'expliquer élegamment, mais sans scrupule. En quoy il y a encore deux écüeils à éviter dans le discours, qui sont le style froid & le puerile, parce que le premier rend le discours sec & insipide, par la langueur & la bassesse de ses expressions; le second le rend rebutant & ennuyeux par des amplifications affectées.

Loquendi accurata & sine molestia diligens elegantia. Cic. in Brut.

XIV.

Quoy que Longin confonde en quelque façon le style froid & le puerile, dont je viens de parler: on peut toutefois les distinguer, de cette sorte. Par l'affectation du style froid on use de grandes expressions, dans les sujets qui en demandent de petites, & par l'affectation du puerile, on use aussi de petites expressions dans les sujets qui en demandent de grandes. Mais nostre langue est devenuë si modeste, si retenuë & si scrupuleuse, qu'elle conte mesme les expressions trop fortes & trop brillantes, les metaphores trop hardies, & les pointes trop frequentes, dans le style froid;

froid ; comme elle conte dans le puerile les enjoüemens dans les matieres serieuses, & les amplifications trop languissantes, dans les endroits du discours, qui doivent estre serrez & concis, les exaggerations trop fortes, & les figures trop étudiées.

X V.

On ne peut reüssir dans le style élevé du genre sublime, qu'on ne soit entierement persuadé que ce style se forme des choses qu'on a à dire, des grandes images qu'on s'en fait, & de l'élevation du genie, plus que de celle de l'expression, de l'éclat des paroles, & de cet attirail de periphrases recherchées Quand le style élevé n'est pas naturel, il degenere toûjours dans le caractere bas & rampant: car il ne peut se soûtenir que de luy-mesme. Pindare & Sophocle s'élevent quelquefois si haut par la grandeur de leur expression, qu'on a peine à les suivre : mais comme ils ne peuvent soûtenir cette élevation, qui n'est pas naturelle, parce qu'elle n'est pas toûjours dans les choses qu'ils disent : ils s'abaiſſent quelquefois juſques à ramper, & ne ſont pas reconnoiſſables. C'eſt un défaut qu'on ne pardonne point : parce qu'il y a de la preſomption à vouloir paroître grand, & ne l'eſtre pas, & à vouloir s'élever ſans pouvoir ſe ſoûtenir. Le ſecret eſt de s'étudier à penſer les choſes dignement, & à ne point ſe ſervir d'autres paroles que de celles qui ſont capables de répondre à la dignité du ſujet dont on parle. Il eſt auſſi tres-important de ne point pouſſer les choſes par leur expreſſion plus loing qu'elles ne doivent aller : pour ne pas s'expoſer à faire des chûtes ridicules aprés les avoir trop élevées. On ne revient pas aiſément de ces extremitez. Les retours de ces exagerations trop fortes & trop finies ne ſont jamais naturels. On ne pardonne point ces hardieſſes, qui donnent trop de force à ce qui eſt foible, & relevent plus qu'il ne faut ce qui eſt bas. Quand on a de la circonſpection, on ne porte pas meſme quelquefois les grandes choſes juſques à leur juſte grandeur, pour les mettre dans toute leur force. Mais

Oratio ſententiis debet eſſe ornatior quàm verbis. *Fab.*

c'eſt un grand art que de ſçavoir faire ces diſtinctions, ſans s'y méprendre. Car on s'en rapporte d'ordinaire plus à ſon genie, qu'à ſon jugement.

XVI.

Comme le défaut des grands genies eſt la negligence, qu'ils ont à ſe meſurer ſur la capacité de leur ſujet, ou de leur auditoire : celle des petits genies eſt un ſoin trop ſcrupuleux, & une diligence trop affectée à s'attacher plus qu'il ne faut à finir en particulier certains endroits de leurs diſcours auſquels ils s'affectionnent. Ce n'eſt qu'un pur effet de la petiteſſe d'eſprit, que de s'arreſter à une partie d'un deſſein : parce qu'on n'eſt pas aſſez fort ny aſſez heureux pour former un deſſein tout entier. L'Eloquence qui eſt le veritable Art de plaire ny reuſſit jamais mieux qu'en imitant la nature : ce n'eſt pas un moyen fort ſeur pour perſuader que de donner trop à l'art. Non ſeulement cette maxime eſt fauſſe, mais encore par un attachement trop puerile aux preceptes, qu'on apprend pendant la

Majori animo aggredienda eſt eloquentia, quæ ſi toto corpore valet ungues polire, & capillum reponere ad ſuam curam pertinere non exiſtimabit. *Quintil.*

jeunesse, on se fait une idée d'Eloquence fort méchante. Il ne faut que consulter l'Agamemnon de Petrone pour comprendre le ridicule de cette Eloquence qui n'a rien de naturel, parce qu'elle s'attache trop aux ornemens exterieurs : qu'on veut faire passer pour ce qu'elle a de plus essentiel. Ce n'est proprement que dans le cœur, dans le genie, dans les sentimens dit Quintilien que consiste l'Eloquence. Son veritable fonds ne peut estre que le bon sens. Et comme le bon sens est la qualité la plus necessaire de toutes pour parler en public, & ensemble la plus rare : il ne faut pas s'estonner s'il se trouve si peu d'Orateurs parfaits. Les parfaits Orateurs ne peuvent se former que dans des siecles heureux, & parmy un peuple de bon goust, comme estoit le peuple d'Athenes & celuy de Rome.

Pectus est quod disertum facit. *Quintil. lib.* 10.

Eloquẽtiæ sicut reliquarũ rerũ fundamentũ sapientia. *Cic. ora.*

XVII.

Le souverain Art de l'Eloquence est de s'attacher scrupuleusement à la nature comme à son veritable modele, & à ſon premier original: dont on a toutefois peu de connoiſſance, par le peu de ſoin qu'on a d'en ſuivre les traces, & d'en obſerver la conduite. Il faut donc s'étudier à bien connoiſtre ce grand modele, & à en examiner tous les reſſorts, par une eſtude profonde de la Philoſophie, & une longue obſervation des choſes naturelles. Car dés qu'on ſort de la nature, tout devient faux dans l'Eloquence: la chaleur de ſes mouvemens les plus paſſionnez n'eſt qu'une fauſſe chaleur: l'éclat le plus brillant de ſes figures n'eſt qu'un faux éclat, & la force la plus vehemente de ſes raiſonnemens n'a rien de reel, & n'eſt qu'une declamation de Sophiſte, & une illuſion toute pure. On doit ſuivre tout ſimplement ſon naturel: ſans chercher tant de fineſſe dans l'Eloquence. Car l'Art meſme qui cherche trop à ſe cacher eſt auſſi faut, que celuy qui cherche trop à ſe monſtrer. La vraye Eloquence n'affecte ny de paroiſtre, ny de ne paroiſtre pas: elle a ſes principes & ſes regles, ſans y chercher tant de façon; & l'Art veritable ne s'avise jamais à couvrir ou découvrir trop d'Art.

XVIII.

On ne trouve presque point de construction, dans le discours de la pluspart de ceux qui parlent en public, par le peu d'application qu'ils ont à estudier à fonds les regles de la langue. Ceux qui ont du genie pour l'Eloquence ont de la peine à s'abaiser à tous ces petits soins scrupuleux, qui sont necessaires : l'élevation naturelle de leur esprit, ne peut les assujettir à ces circonspections:& ceux qui n'ont pas du genie, sont sujets à tomber dans le défaut de l'affectation, pour suppléer par les paroles, à ce qui leur manque de lumiere pour bien penser les choses. Il est vray neantmoins, que ceux qui parlent bien, sont les seuls qui ayent le bon goût, & il est encore plus vray, que ceux qui ont le bon goût, sont les seuls qui ayent du jugement.

Scribendi recte sapere est & principium & fons. *Horat. Poet.*

XIX.

La source la plus ordinaire des défauts qui se rencontrent dans l'expression, qui est si essentielle à l'Eloquence, ne vient que des défauts naturels de l'imagination. L'expression tombe dans le flux de paroles & dans la superfluité, quand l'imagination est trop vive & trop ardente : elle tombe dans le galimatias & dans l'obscurité, quand l'imagination est trop abondante & trop confuse : enfin, elle tombe dans la langueur & dans la secheresse, quand l'imagination est trop froide, & trop pesante. Ceux qui se servent de l'activité de leur imagination, pour suppléer à la paresse de leur esprit, parlent beaucoup, mais ils disent peu. J'ayme les discours qui donnent à penser, dont l'idée dure dans l'esprit & ne peut s'en effacer : & je prefere une Eloquence qui pense bien & qui s'explique mal à celle qui pense mal, & qui s'explique bien.

XX.

On n'estudie presque point ce temperament juste, qu'il faut apporter, pour mesler dans le discours la raiſon avec l'autorité ; la comparaiſon & la ſimilitude, avec l'exemple & l'induction. Dans l'uſage même qu'on fait de ces grands inſtrumens de la perſuaſion, on ne s'applique point à prendre ſoin d'arranger les raiſons d'une maniere à les ſoûtenir les unes les autres, par l'ordre qu'on leur donne. Car les raiſons fortes doivent ſucceder aux foibles, & les plus ſolides à celles qui le ſont le moins : afin que le diſcours ſe ſoûtienne toûjours, & meſme s'éleve comme par degrez au comble de ſa perfection. Ce qui eſt d'une telle importance, que le ſeul défaut de cette obſervation, rend ſouvent les raiſonnemens, qui ſont de ſoy tres-forts & tres-ſolides, peu effectifs : parce qu'ils s'affoibliſſent, dés que la proportion n'y eſt pas gardée. Cette proportion conſiſte à ne rien dire de foible, quand on a dit quelque choſe de fort : car la derniere raiſon qu'on dit, eſt toûjours celle qui reſte le plus long-temps dans l'eſprit : & ainſi elle doit eſtre la plus forte. Outre ce ménagement de raiſons, qui doivent eſtre miſes dans leur ordre naturel, il faut aussi se ménager dans l'usage qu'on doit faire de l'induction: pour ne pas s'exposer à la multiplier inconsiderement. Ainsi il faut avoir cet Art admirable, qui sçait retrancher genereusement les superfluitez dans les choses, aussi bien que dans les paroles, & supprimer les ornemens trop frequens, sans écouter la chaleur de l'imagination: qui de soy se laisse emporter à un vain éclat de discours, qui n'a rien de solide pour l'ordinaire. L'Eloquence ne peut faire joüer avec succés les grands ressorts de son Art, sans ces precautions, qui sont de la derniere consequence: parce qu'elles reduisent les choses à leur estat naturel. Mais ces observations ne sont presque point pratiquées, parce qu'elles sont fort peu connuës.

Ambitiosa recidet ornamenta. horat.

XXI.

L'Eloquence qui ne touche que l'esprit & ne va pas jusques au cœur, n'est pas une veritable Eloquence; ce n'est tout au plus qu'une instruction toute pure, qui ne doit estre d'usage que dans l'Ecole. Elle se rend la maistresse quand elle est naturelle, au lieu de remplir les yeux de merveilles inutiles, elle fait couler dans l'ame les lumieres necessaires : elle n'ébloüit pas par des prodiges, mais elle persuade par des raisons. Et toutes ces beautez qui vont à l'esprit sans aller au cœur, ne sont point de veritables beautez : le cœur se rend toûjours à l'esprit, dés qu'il se laisse penetrer de la raison, & dés qu'il l'écoute : car il ne l'écoute pas, quand il ne veut pas se rendre. Ce grand air mesme, qu'enseigne Longin, touche moins qu'il n'ébloüit & qu'il n'estonne, comme il l'avouë luy-mesme : parce qu'il n'entre pas dans les sentimens de ceux à qui l'on parle. Toutes les grandes expressions sans de grands sentimens sont à peu prés comme les navires, qui ne sont pas chargez, ils flotent, & ne voguent jamais seurement.

XXII.

Cura verborum derogat

L'Eloquence en general qui a tant de soin de l'arrangement des paroles,

& de tout cet éclat exterieur, qui brille dans l'expression ne reüssit presque jamais : on se défie de tout ce qui paroist artificieux & recherché. Ce grand Orateur Isocrate qui n'écrivoit ce semble que pour le plaisir, n'estoit pas propre aux affaires, & il n'eût pas reüssi au Barreau, parce qu'il estoit trop poly. C'estoit aussi la maniere de ces Sophistes, dont Socrate raille si agreablement dans le Phedre de Platon, & Longin trouve à redire au grand artifice d'Hyperide, qui remplissoit son discours de trop d'ornemens & de trop de beautez. C'est un grand Art de sçavoir ménager ces ornemens & de les mettre en leur place, quand la necessité oblige de s'en servir. L'artifice de l'Eloquence ne peut avoir d'effet que contre elle-mesme, quand il est trop éclatant : dés qu'il paroist il devient suspect, & l'on le regarde comme un piege qui n'est dressé que pour surprendre : outre que ce qui frappe l'esprit & le sens avec trop d'éclat le lasse & le fatigue. Enfin il faut que les matieres ayent d'elles-mesmes un

affectibus fidem, & ubicũque ars ostentatur, veritas abesse videtur. *Quintil. l. 10. c. 4.*

Non ad judiciorũ certamẽ, sed ad voluptatem aurium scripserat Isocrates. *Cic. orat.*

Contextus virilis sit, nec circa flosculos occupatus. *Senec. Epist.*

Quæ parent retia, vitat avis. *Ovid.*

grand fonds de beauté pour soûtenir de grands ornemens, qui deviennent ridicules en de petits sujets : car il n'est rien de plus contraire à l'Art que d'orner ce qui ne merite pas d'estre orné : & ce n'est pas peu dans l'Eloquence de bien sçavoir ce qui doit estre negligé, & ce qui ne doit pas l'estre. On se méprend d'y rechercher tant d'éclat, & on trouve souvent que ce qui brille le plus dans le discours est faux pour l'ordinaire. Ainsi ces figures si recherchées, ces antitheses si fines, ces epithetes si éclatantes ne sont pas toûjours ce qu'il y a de plus conforme au bon sens. La veritable Eloquence n'ébloüit point & ne surprend jamais, parce qu'elle s'insinuë peu à peu dans l'esprit : les raisons les plus capables de toucher sont d'ordinaire les plus communes, comme l'enseigne Aristote : & le langage le plus naturel, auquel on se porte par le seul desir qu'on a de se faire entendre, est le plus propre & le meilleur. Les discours où il faut de l'esprit & du brillant, comme les Panegyriques & les Oraisons funebres, n'ayant d'ordinai-

Quædam etiam negligentia est diligés. *Cic. in orat.*

Topic. 1.

re rien de fort ſolide, ne reüſſiſſent jamais mieux que par la prononciation. Ce n'eſt qu'une Eloquence de pure oſtentation, qui ne va qu'à plaire à l'eſprit ſans ſe ſoucier du cœur: & qui cherche plus à briller qu'à perſuader. Il eſt vray que le Panegyrique qui n'a pas de grandes paſſions à exciter comme les autres genres, ſe doit renfermer dans l'expoſition, l'amplification, & les figures: car tout ſon but eſt d'affectionner les eſprits à la memoire, à l'eſtime, à la veneration, & à l'admiration de ceux qu'il loüe.

XXIII.

Il faut moins de genie dans l'Eloquence pour inventer les choſes que pour les arranger: ce tour qu'il faut leur donner pour les mettre dans la place où elles doivent eſtre, coûte bien plus, que la peine qu'on ſe donne de les penſer. Car tout eſprit raiſonnable peut penſer raiſonnablement, mais il n'eſt pas aiſé de donner à ce qu'on penſe cette grace qui rend les choſes agreables, & qui les fait admirer. C'eſt en quoy conſiſte l'Eloquence, non pas cette Eloquence des paroles, que l'on ne ſçait d'ordinaire que trop, mais l'Eloquence des choſes qu'on ne ſçait preſque point du tout, qu'on apprend rarement, & qu'on ne peut eſperer que d'un naturel heureux. L'on peut connoiſtre le prix de cet Art par la grande difference qu'on trouve dans les meſmes choſes tournées diverſement. C'eſt le tour qu'on donne à ce qu'on dit, qui en fait d'ordinaire la beauté : & quoyque ce ſoit le naturel qui donne cet air:il y a toutefois des moyens pour l'acquerir, quand on ne l'a pas : comme un frequent uſage de la compoſition ſous un bon maiſtre, ou avec un amy intelligent, & le commerce avec les Auteurs anciens. C'eſt d'eux qu'on peut apprendre cette juſteſſe qui donne à l'eſprit ce tour agreable, & que l'eſprit donne enſuite à tout ce qu'il penſe, & à tout ce qu'il imagine, quand il a du genie pour cela. C'eſt un grand ſecret dans l'Eloquence d'y ſçavoir mettre en œuvre juſques à ſes propres défaux, & tirer l'avantage de ſes imperfections : comme le faisoit si habilement cét Ambassadeur dont parle Tacite, qui cachoit le grand talent qu'il avoit de parler sans une timidité feinte : & qui affectoit de ne parler, qu'en tremblant, parce qu'il parloit mieux que les autres : & sauva par cét Art sa patrie que Vitellius avoit abandonnée au pillage. J'ay connu une personne de la Cour de ce caractere : parce qu'elle s'entoit bien qu'elle avoit plus d'esprit que les autres, elle en cachoit une partie sous un begayement affecté, pour qu'on ne se défiast pas trop de ses lumieres, dont elle ne montroit que la moitié afin de se proportionner davantage à ceux avec qui elle traitoit. Elle entroit par l'a sans resistence dans les cœurs qui se livroient à elle sans façon, & par l'adresse qu'elle avoit de monstrer peu d'habilité en ce qu'elle disoit: elle persuadoit mieux que les plus habiles.

Cl. Cossus unus ex legatis notæ fecundiæ, sed dicendi artem apta trepidatione occultans *Tac. hist. lib. 1.*

XXIV.

Il n'y a au sentiment de Ciceron de veritable Eloquence que celle qui peut s'attirer l'admiration. Et rien

Eloquentiam, quæ admiratione non habet,

nullam judico, &c. Cic. in Brut.

n'eſt plus capable de rendre l'Eloquence admirable ſelon l'avis de ce grand homme, que les portraits qu'elle fait des mœurs, & les mouvemens qu'elle excite par les paſſions qu'elle touche. Ce qui ne peut eſtre bien mis en uſage que par une connoiſſance parfaite du cœur de l'homme, qui doit eſtre la ſouveraine ſcience de l'Orateur. Les portraits qu'il fera des mœurs ne ſeront point faux, s'il en connoiſt bien le principe, qui eſt le cœur : & il ſçaura ſans doute faire joüer avec ſuccés les reſſorts les plus cachez des mouvemens de l'ame, par la meſme connoiſſance du cœur, qui en eſt la ſource. Le peu de ſoin qu'ont la pluſpart de ceux qui parlent en public, de s'attacher à bien connoiſtre le fonds de cet abyſme, ſi difficile à penetrer, eſt la cauſe pour l'ordinaire de ce qu'on voit ſi peu d'Orateurs qui reüſſiſſent. C'eſt à quoy ceux qui font profeſſion de l'Eloquence devroient faire une reflexion bien ſerieuſe. Car tout bien conſideré, on n'eſt éloquent qu'autant qu'on connoiſt le cœur de l'homme l'homme, & qu'on ſçait en démeſler les détours, pour les expoſer au peuple.

XXVI.

Le Caractere d'un homme qui parle en public doit eſtre la pudeur & l'honneſteté, dés qu'on ſe diſpenſe des bien-ſeances neceſſaires pour parler en honneſte homme, on pert la creance, parce qu'on devient mépriſable: & ce n'eſt qu'en parlant honneſtement qu'on ſe fait écouter. Car le public à qui l'on parle merite du reſpect, & demande quelque ſorte de gravité dans ceux qui luy parlent. Ainſi ces façons de parler baſſes, triviales, ces proverbes trop communs, ces dictons, ces expreſſions viles, & tout ce qui eſt de trop familier, ou bouffon n'eſt bon que pour la Comedie, & ne ſied nullement dans un diſcours public où la bien-ſeance & l'honneſteté doivent regner par deſſus toutes choſes.

XXVII.

La mauvaiſe éducation de la jeu- Quis ignorat

nesse causée par le luxe, & par la delicatesse du siecle qui est extreme, par l'indulgence des parens, par le peu d'experience des maistres, & par le mauvais goût de la pluspart de ceux avec qui l'on a commerce; cette mauvaise éducation, dis-je, est aussi une des causes des plus certaines du peu d'Orateurs qui reüssissent, & un grand obstacle à l'Eloquence. On conduit les jeunes gens par de fausses routes, par des voyes égarées, & par une methode fort méchante, qui estant gastée jusques dans ses principes, ce n'est pas merveille, si les succés en sont si peu heureux, & si les suites en sont si fascheuses.

eloquentiam descivisse à veteri gloria, nõ inopia hominũ, sed desidia juvẽtutis, parentum negligentia, & inscitia præcipientiũ. *Dial. de caus. corr. elog.*

XXVIII.

Ce n'est pas apres tout qu'il ne se trouve encore quelque étincelle de genie, qu'on voit briller dans quelques-uns des Orateurs de ce siecle, qui ne laissent pas de meriter de l'applaudissement & de la reputation. Mais parce que l'Eloquence purement naturelle ne va jamais à rien d'achevé, sans le secours de l'Art :

comme elle en est d'ordinaire dépourveuë, ou par les faux principes qu'on en prend, ou par le peu d'application de ceux qui en font profession : elle ne peut parvenir à meriter l'admiration generale des peuples, par les merveilleux effets qu'elle produiroit sur les cœurs, si elle estoit accomplie.

Voila les Reflexions qu'on peut faire sur l'Eloquence de ce temps considerée en general ; & sur ce qui peut empescher ses effets dans les occasions qu'elle a de faire paroistre son pouvoir. Voicy celles qui peuvent se faire sur l'usage de l'Eloquence en particulier, & de ses deux especes principales, qui sont l'Eloquence du Barreau, & celle de la Chaire : où l'on remarque les abus qui peuvent se commettre dans l'une & dans l'autre, & les voyes qu'on peut tenir pour les éviter.

REFLEXIONS SUR L'ELOQUENCE DU BARREAU.

L'Eloquence en general se peut reduire à deux especes, dont l'une s'occupe aux interests de l'Etat, l'autre à ceux de la Religion : ainsi l'une est profane, l'autre est sacrée. Mais quoy que la premiere ait une plus vaste carriere qu'on ne pense, qu'elle ne s'attache pas seulement à soûtenir une Ordonnance, ny à défendre une Loy, qu'elle s'exerce à la campagne aussi bien qu'au cabinet, qu'elle preside aux Etats, qu'elle opine dans les conseils de guerre, qu'elle aille au combat, & qu'elle ait plus de part au gouvernement des Royaumes, & au ministere que les Minîtres mesmes : toutefois parce qu'elle devient particuliere dans le cabinet, où l'on ne peut penetrer, pour en sçavoir l'usage, qu'elle y passe pour un mystere, & qu'elle n'est publique qu'au Barreau : je me renferme à la considerer en l'état où elle est, pour faire les Reflexions sur l'usage qu'elle y a : parce que c'est le lieu où elle paroist davantage : Voicy ce me semble ce qu'il faut en penser, & les reflexions qu'on peut faire sur l'estat où elle s'y trouve.

I.

L'on ne donne dans le Barreau presque point d'autre temps à l'Eloquence, que celuy qu'on luy a donné dans les premieres études de la jeunesse : qui sont d'ordinaire, ou trop precipitées, ou trop confuses, ou trop superficielles : ce qui empesche qu'on puisse s'en former une idée un peu juste, & un peu raisonnable. Outre les grands avantages qu'avoient les Grecs & les Romains

Cruda adhuc studia in forum propellum, & qui pueri ludunt in scholis ridentur in foro. Pet. Arb.

par la force de leur genie, & par le grand naturel qu'ils avoient à parler: ils faiſoient une étude preſque continuelle de l'Eloquence pendant toute leur vie: ils voyageoient pour entendre les Maiſtres les plus habiles en cet Art: ils s'attachoient longtemps à ſe former l'eſprit ſur les grands modeles qu'ils alloient chercher hors de leur païs: & ils ne s'occupoient quaſi à rien, qui n'eût rapport à l'Eloquence: ils faiſoient leur plaiſir, leurs eſperances, leur fortune, & meſme toute leur ambition de cette étude: parce qu'elle pouvoit les élever à tous les honneurs. Et les jeunes gens de ce temps-cy, avec des genies fort bornez, croyent qu'il ſuffit de lire un Roman, ou une Comedie, pour acquerir toute l'Eloquence qui eſt neceſſaire au Barreau.

II.

Les Avocats meſme qui ont du genie & de l'application, n'ont pas la moitié du temps qu'il faudroit donner à l'Eloquence. Car outre la

Jurisprudence ancienne, & tout le droit Romain qu'il faut sçavoir par necessité ; la seule Jurisprudence moderne, & la parfaite connoissance du droit François, avec celle de la Coûtume, ont une étenduë si vaste, que quelque attachement qu'on ait au travail, il est impossible d'en venir à bout. D'ailleurs, on n'est pas excité par les mesmes esperances, que l'estoient autrefois les Grecs & les Romains, parmy lesquels l'Eloquence a eü tant d'éclat ; parce qu'elle estoit une voye de parvenir à tout, mesme au souverain pouvoir.

III.

Quand toutes les qualitez requises pour reüssir à l'Eloquence du Barreau, concourreroient dans l'Orateur avec toute la perseverance de l'application, & toute l'opiniastreté du travail, soûtenuë mesme par les veuës de l'interest & de l'ambition : les minuties où il faut qu'il se reduise dans l'usage scrupuleux & exact de la pratique, qui est fort sombre en toutes ses parties, seroient capables de luy desecher l'esprit, & de luy oster le fonds necessaire pour former l'idée d'un discours qui ait de l'art & du naturel. Il faut avoir soin, pour éviter ce défaut, de le prevenir par une étude anticipée de l'Eloquence ; où l'on doit se former l'esprit, devant que d'abandonner son imagination à la barbarie des termes de la pratique. Quelque soin mesme qu'on y prenne, on a toûjours de la peine à s'en sauver ; tant l'esprit se trouve empoisonné de ce méchant air, par la necessité qu'il a de s'en remplir.

IV.

L'Eloquence du Barreau se laisse trop assujettir aux diverses fantaisies du langage, qui regnent dans le siecle, selon les differens goûts qui y ont cours, & qui la corrompent, en luy ostant sa beauté naturelle, pour luy en donner de fausses & de recherchées. Ce fut ainsi qu'elle se laissa trop vainement embarrasser il y a quelques années, par la longueur des periodes de P. R. qui eurent vo-

gue

gue durant quelque temps, & qui la penserent étouffer par une trop grande étenduë de discours. Cela dura quelque temps, mais comme ce sont des goûts passagers qui suivent ceux du siecle, on en est revenu, & un meilleur goût a succedé à celuy-là. Il est vray neantmoins que l'Eloquence du Barreau demande une maniere diffuse & étenduë : mais cet embarras de paroles ne plaist plus, on abandonne ces grands discoureurs : on veut maintenant quelque chose de plus reel & de plus solide. Je n'aymerois pas aussi ces divisions trop frequentes dans le discours, qui le dessechent & l'affoiblissent, comme le remarque Quintilien, en luy ostant son estenduë naturelle.

Subsellia grandiorē & pleniorem vocē desiderāt. *Cic. in Brut.* Cum isti dicunt nō modo à corona, quod ipsum est miserabile, sed etiam ab advocatis relinquūtur. *Ibid.*

V.

Un trop grand soin d'estre si regulier, si exact & si juste dans le discours, est quelquefois dangereux : il fatique celuy qui parle, & celuy qui écoute : ce défaut est à éviter : on ne doit pas toûjours si fort s'attacher à ne rien dire que de juste, sur tout dans les affaires, qui demandent un autre attention, que celle de l'exactitude dans le discours. C'est toûjours beaucoup de soûtenir son caractere : car il n'y a rien de plus essentiel à celuy qui parle, que de parler dans son genie. Outre que ces Orateurs scrupuleux, qui parlent avec tant de circonspection, n'ont rien de grand ny d'élevé : le soin qu'ils prennent de dire les choses si correctement, épuise leur esprit : il ne leur en reste plus, pour émouvoir les cœurs, par les grands sentimens & par les grandes pensées. Ces periodes mesmes si bien arrangées, ces paroles si justes, bien loin d'imprimer dans l'ame les passions, qui naissent naturellement du discours, ne vont qu'à flater l'oreille par un vain mouvement du nombre qui ne va pas jusques au cœur : & on expose mesme nostre langue, de la maniere dont on la contraint aujourd'huy, à perdre sa force & son abondance, pour vouloir trop conserver sa douceur & sa delicatesse.

VI.

Il y a auſſi une autre extremité à éviter, qui eſt une negligence trop grande, non ſeulement dans l'ornement des paroles, mais auſſi dans l'ordre & dans l'arrangement des choſes. Ceux qui ont fait leur reputation, & qui ſe ſont accoûtumez par un long uſage à l'air du Barreau, ſont ſujets à tomber en ce défaut. Ce qui leur arrive d'ordinaire quand ils ont paſſé quarante ans, & quand ils ont de l'employ : ils ne penſent plus qu'à l'utilité. On abandonne les ornemens de l'Eloquence, car on n'a plus le temps d'y penſer : & on ſe neglige pour ſe faire du temps, parce qu'on eſt accablé : ainſi ſi l'on n'y prend garde, le ſoin de l'intereſt l'emporte ſur celuy de la gloire & de l'ambition.

Nec quia ſit honeſta atque pulcherrima rerũ eloquentia, petitur ipſa : ſed ad ſordidum lucrũ accingimur. *Fab. l. 1. c. 12.*

VII.

Il y a neantmoins des occaſions où la negligence eſt pardonnable : & où la chaleur d'un diſcours peu reglé, & l'impetuoſité du genie reüßißent quelquefois mieux, que tout le ſoin le plus exact des paroles, & tous les ornemens de l'Art. La difficulté eſt de les diſtinguer & de les connoiſtre: quand on a aſſez de force & de lumiere pour cela: on n'a pas de peine à ſe mettre au deſſus des ſcrupules, qui peuvent venir de la negligence de certains endroits du diſcours, qui dans les regles doivent eſtre negligez.

VIII.

Il y a auſſi de certaines manieres, purement du Barreau, mais qui ſont connuës de peu d'Orateurs: parce qu'on ne les découvre que par une grande penetration d'eſprit, en s'attachant aux ſources, & en étudiant, avec bien de la meditation, les grands modeles d'Eloquence que nous avons parmy les Anciens. Ce ſont des coups extraordinaires de l'art, qui ſurprennent les Juges, & qui font des effets impreveus dans les eſprits: comme celuy, que Ciceron loüe ſi fort, d'un certain Canus Rufius, qui eſtant accuſé avec assez de vehemence par Sisenna , s écria d'une voix fort animée & fort touchante à ses Juges, *Circumvenior judices , nisi subvenitis , &c.* Cet aveu de la crainte qu'il avoit d'estre surpris , & la protection qu'il demanda à ses Juges , les toucha si fort , qu'ils luy devinrent favorables. Il y a une infinité de pareils endroits dans Demosthene & dans Ciceron qu'on sçait bien découvrir quand on est assez éclairé pour cela. Mais on doit faire reflexion , que ce ne sont point les endroits brillans , ny l'éclat des paroles , qui font ces grands effets. Ce sont des tours d'Eloquence , qui sont plus dans les choses mesmes , que dans les paroles , dont on ne peut ny expliquer la beauté , ny en donner des regles certaines : parce qu'elles sont inexplicables , On ne laisse pas quand on a le sens droit, & le goust bon , de les sentir , sans s'y méprendre. Il faut mesme quelquefois dans les grands sujets , de ces traits d'Eloquence semblables à ce coup de maistre de ce Peintre, qui

Cic. in Brut.

pour exprimer la douleur d'Agamemnon, dans le ſacrifice de ſa fille, luy envelοppa la teſte, deſeſperant que ſon art pût aller juſques à l'expreſſion de la douleur d'un pere, apres avoir exprimé celle de ſes amis d'une maniere ſi forte. Ce ſont auſſi là ces expreſſions que Ciceron demande dans les matieres importantes : *Significatio ſæpe major erit, quam oratio.* Ces endroits doivent eſtre preparez par des ménagemens de diſcours tendres & paſſionnez, & par tous les traits les plus étudiez de l'art, pour avoir tout le ſuccés qu'ils doivent avoir.

Cic. in Brut.

IX.

Rien n'a tant de pouvoir ſur l'eſprit des Juges que l'opinion qu'ils ont de la probité en general, & ſur tout de la moderation de l'Avocat dans les affaires qui bleſſent ſon intereſt, ou celuy de ſa partie. Une affaire paſſe pour ſuſpecte dés qu'on y voit de l'emportement. La colere gaſte tout juſques au bon droit : & l'on croit qu'une cauſe ceſſe d'eſtre

Melior moderatio, & non nunquam etiam patientia. Bonus altercator vitio iracundiæ careat. *Quintil. l. 6. c. 4.*

juste, dés qu'on se sert de la passion pour la défendre. Ainsi comme la moderation est de toutes les vertus, celle qui sçait le mieux regler tous les mouvemens de l'exterieur : c'est aussi celle dont on est le plus touché : parce qu'elle paroist le plus, & qu'elle frappe davantage : si bien que ces Avocats, qui disent des injures à leurs parties, font pitié. Il faut qu'ils ayent bien mauvaise opinion de leurs Juges, pour croire qu'ils soient capables de prendre plaisir à leur mauvaise humeur. Mais le Parlement a un Chef qui a nettoyé le Barreau de ces ordures : les honnestes gens mesme ne sont plus sujets à ces sortes de foiblesses, qu'on ne pardonne plus.

X.

Rien ne gaste davantage l'Eloquence du Barreau, que ces embarras de lieux communs, dont on charge les Plaidoyers : & dont on grossit ces entrées du discours, qui n'ont aucune proportion avec ses autres parties, & qui ne servent qu'à lasser la

Loci inanes, nec erudita civitate tolerabiles. Cic.

patience des Juges, & à les dégoûter, de ce qui pourroit estre bon dans le reste. Ce sont d'ordinaire les jeunes gens qui sont le plus sujets à ce défaut : ils tâtonnent, parce qu'ils n'ont pas assez de force d'esprit, pour entrer d'abort en matiere. On leur rendroit un grand service, si l'on pouvoit les resoudre à se défaire de cet attirail de discours, qui est si fort opposé au bon sens, & qui devient si odieux, & si insupportable à ceux, qui en ont un peu. Dés qu'un discours traîne par ces amplifications pueriles, il devient froid & languissant : c'est ce qui fait baailler les Juges, & ce qui les endort.

XI.

C'est encore un goût de jeune homme que de vouloir briller dans tout ce qu'on dit. La veritable Eloquence ne recherche point ce vain éclat, qui n'est propre qu'à ébloüir l'esprit. On veut aller au cœur, dés qu'on a quelque rayon de bon sens : parce qu'on ne persuade bien l'esprit, que par ce qui touche le cœur.

On ſe méprend toûjours, quand on veut trop plaire. Cet Avocat qui contoit plus ſur un paſſage de Seneque pour défendre ſa cauſe, que ſur une bonne raiſon, ſe trompoit fort. Les paſſages brillans n'ont aucune force pour perſuader : ils ne ſervent tout au plus qu'à réveiller l'eſprit des Juges, quand il eſt fatigué.

XII.

On ne prend preſque point ſoin de ſon exterieur, pour le former par l'action ſelon les preceptes qu'en donne Quintilien. C'eſt toutefois cette action que Ciceron appelle l'Eloquence du corps, & dont toute la perfection conſiſte en celle du geſte & de la prononciation : parce qu'on ne comprend pas aſſez la neceſſité & l'importance de cette partie, dont le ſeul Quintilien a donné des preceptes, Ariſtote & Ciceron ne l'ayant pas fait. Ils croyoient l'un & l'autre, que c'eſtoit un don de la nature, qui ne ſe pouvoit pas reduire en art ny en methode : ainſi ils ſe ſont contentez d'en repreſen-

Eſt actio quaſi quædam corporis eloquentia. *Cic. in ora.*

Geſtus ad vocem vultus ad geſtum accommodetur, recta ſint brachia, ne manus ruſticæ, ne ſtatus indecorus, ne caput oculique ab alia corporis inclinatione diſſideant, &c. *Quint. l. cap. II*

ter l'importance en divers endroits de leurs ouvrages. Mais la prononciation est si importante, qu'on ne peut la negliger, sans renoncer à ce que l'Eloquence a de plus fort & de plus éclatant. C'est elle qui regne le plús dans le discours, qui en est l'ame, & qui fait une partie de sa force & toute sa grace. Et l'Eloquence fait toûjours moins d'effet, parce qu'elle dit, que par la maniere de le dire, son plus grand art est la prononciation : ce n'est que par là qu'elle exerce son empire sur les cœurs. Le plus grand talent d'Hortensius qui égala la reputation de Ciceron, ne fut que le grand naturel qu'il avoit pour l'action : il fut si admirable par sa maniere ardente de dire, que Roscius & Esope les plus fameux Comediens de ce temps-là, alloient l'entendre toutes les fois qu'il parloit en public, pour apprendre de luy leur métier. Comme on a si peu de soin au Barreau de se former à l'action, & qu'on n'y a presque aucune attention à son exterieur : il ne faut pas s'estonner si l'on y voit si peu de marques de cette Eloquence, qui faisoit autrefois de si merveilleux effets sur les esprits du temps de Demosthene & de Ciceron : parce qu'ils s'attachoient à exprimer dans eux-mesmes, par leur ardeur & par leur vehemence, les passions qu'ils vouloient exciter dans les esprits de ceux à qui ils parloient. Mais il y a du temperament à prendre, car on a vû ces années passées au Palais un Avocat fort celebre, qui donnoit du poids à toutes ses raisons, par la chaleur & par la force dont il animoit son discours : à la verité cette chaleur estoit si mal ménagée, que ce qu'il disoit, perdoit sa grace, par l'envie qu'il avoit d'estre trop passionné : dés que le feu luy estoit monté à la teste, on ne l'entendoit plus, tant sa prononciation devenoit confuse par l'emportement de son ardeur. Les autres sont aussi trop froids : ils n'ont point mesme dans les grandes affaires de cette émotion necessaire pour ébranler l'esprit des Juges, qui ne se laissent toucher dans les grands sujets, que par de grands mouvemens. On pourroit dire à ces declamateurs languiſſans cet endroit de Ciceron contre Callidius, qui diſoit des choſes touchantes d'un air peu émeu: *An iſta ſi vera eſſent, ſic à te dicerentur?* Tous ceux preſque qui parlent au Barreau ſont ſujets à adjoûter à une méchante prononciation une monotonie deſagreable, qu'on appelle la maniere du Barreau, & une impreſſion d'accent ſur les penultiémes ſyllabes, qui n'eſt bonne, que pour bercer les Juges & pour les endormir.

Cic. in Brut.

XIII.

Les ſujets que fournit la condition preſente du Barreau, n'ayant rien de grand, ny rien d'élevé: ils ne peuvent donner à l'Eloquence ces avantages qu'elle trouve dans les matieres importantes qui ſe rencontrent dans les Anciens: telles que ſont ces deliberations de la guerre & de la paix, ces conſiderations du bien de l'Eſtat, & de l'intereſt public; ces accuſations & ces défenses de Princes & de Roys ; & toutes ces importantes matieres que ces grands Orateurs traitent avec tant d'éclat. Les interests dont il s'agit aujourd'huy dans le Barreau sont quelquefois si peu considerables, qu'ils ne sont nullement capables de fournir à l'Eloquence la matiere de ces grands mouvemens qui la faisoient autrefois triompher des cœurs. C'est aussi une des raisons dont se sert le Messala du Dialogue de Quintilien, pour marquer les avantages qu'avoient les Orateurs anciens, sur ceux de son temps. En effet, les petits sujets font les petits Orateurs, & l'esprit de celuy qui parle en public, s'éleve par l'élevation & le merite de sa matiere.

His accedebat splendor rerum & magnitudo causarum, quibus ipsa plurimum eloquentia præstat. *Dialog. de caus. cor. eloq.* Crescit cũ amplitudine rerũ vis ingenij : nec quisquam illustrem orationẽ facere potest, nisi qui causã parem invenit. *Ibid.*

XIV.

Apres tout, quoy que l'usage de l'Eloquence du Barreau se reduise au seul genre judiciaire, elle ne laisse pas d'avoir une fort grande estendue : parce que le genre judiciaire renferme en quelque façon tous les autres genres, il loüe & blâme, comme le demonſtratif, il conſeille & déconſeille comme le deliberatif, il deſarme le Juge de ſa colere, & il luy en donne, quand il luy plaiſt, il ſe rend maiſtre de ſon cœur, & il en fait ce qu'il veut. De ſorte que comme c'eſt le plus difficile de tous les genres, les Avocats ne peuvent y reüſſir dans le Barreau, ſans donner lieu de croire qu'ils reüſſiroient de la meſme maniere, dans les Ambaſſades pour perſuader aux Princes eſtrangers la guerre & la paix, ſelon les beſoins de l'Eſtat : comme l'a fait autrefois Demoſthene, quand il animoit les peuples de la Grece contre le Roy de Macedoine.

X V.

Il y a une Eloquence de pure autorité, qui eſt d'un fort grand uſage dans le Barreau : & quoy qu'elle ne ſoit ny émeuë ny paſſionnée, & que ſa maniere de diſcourir ſoit froide & ſerieuſe : elle a dans ce ſerieux toute la dignité qu'il faut pour imprimer du reſpect & de la veneration. On l'écoute comme un Oracle, parce qu'on eſt prevenu en ſa faveur, par l'éclat de ſon exterieur. Ses impreſſions ſe font ſans chaleur & ſans agitation, elle agit d'autorité, & elle commande plûtoſt qu'elle ne perſuade. C'eſt auſſi l'Eloquence des Magiſtrats & de tous ceux qui tiennent les premieres places dans les compagnies. Tous les faiſeurs de harangues aux Princes & aux grands Seigneurs doivent s'attacher à cette maniere d'Eloquence tranquille, qui parle ſans émotion pour garder ſon caractere : & qui communement ne doit rien avoir que de reſpectueux. Car c'eſt une eſpece d'Eloquence ſuppliente, qui ne perſuade qu'en s'abaiſſant : & quoy que ſes raiſons ne ſoient que des prieres & des remontrances, elle ne laiſſe pas de triompher quelquefois de ceux auſquels elle ſe ſoumet, & d'exercer ſon empire ſur ceux à qui elle rend hommage, ce genre n'eſt en uſage, que parmy des Sujets qui parlent à leurs Souverains. L'Eloquence d'inſinuation peut auſſi eſtre d'uſage auprés de tous les grands Seigneurs ; à tous ceux qui ſont dans la dépendence, en leur montrant ce qu'on veut leur perſuader, par des detours, des biais, des circonlocutions, & par tout ce que le reſpect a d'artificieux & d'inſinuant, ſur tout auprés de ceux que le pouvoir & l'independence ont rendu intraittables, & qui n'ont pas la force de gouter la raiſon ſi elle n'eſt aſſaiſonnée de ſoumiſſion. Enfin ſans faire un détail plus grand de toutes les autres eſpeces d'Eloquence : tout ce qu'il plaiſt eſt éloquent, parce qu'il perſuade toûjours.

REFLE-

REFLEXIONS SUR L'ELOQUENCE DE LA CHAIRE.

C'Est une chose assez étrange, que dans le nombre de personnes, qui s'appliquent à la predication; il s'en trouve toutefois si peu qui se distinguent: veu les grands avantages qu'ont les Predicateurs sur tous ceux, qui se mélent de parler en public. En effet, l'Eloquence du Barreau ne peut fournir à ses Orateurs des matieres si importantes à traiter, ny des choses si touchantes à dire, ny de si grands mouvemens à exciter: comme fait l'Eloquence de la Chaire.

Tous les ressorts dont elle se sert pour émouvoir les passions sont si puissans ; ses figures qui sont comme sanctifiées par le commerce qu'elle a avec le S. Esprit, sont si éclatantes ; les mysteres qu'elle explique, sont si grands & si relevez ; elle parle avec tant d'autorité, que s'il y a une Eloquence qui doive estre la maîtresse des cœurs, par le pouvoir qu'elle a de les toucher, & par son indépendance naturelle, ce ne peut estre que l'Eloquence de la Chaire. D'où vient donc qu'il y a si peu d'excellens Predicateurs ? Ce n'est pas sans doute la faute des auditeurs : puisque la Foy prepare leur esprit par une parfaite soûmission, à ce qu'on leur doit dire ; que la veuë des Autels leur inspire du respect, pour ce qu'on leur dit ; & qu'ils sont déja persuadez par les principes de leur Religion, de ce qu'ils viennent entendre. Enfin, comme le Predicateur ne parle que de la part de Dieu, que sa parole est la parole de Dieu mesme, qu'il promet des recompenses eternelles à ceux qui le croyent, qu'il menace de ſupplices effroiables ceux qui ne le croyent pas : ce ne peut eſtre que ſa faute , s'il ne reüſſit. Mais comme il n'eſt que trop vray , que de toutes les profeſſions c'eſt peut-eſtre celle où il y a moins de gens qui reüſſiſſent ; il ne ſera pas inutile d'en chercher la raiſon pour y remedier : la choſe eſtant d'une telle importance. C'eſt ce que je pretens faire par les Reflexions ſuivantes.

I.

On n'entre preſque jamais aſſez ſerieuſement dans la conſideration de la diſpoſition d'eſprit , que demande la ſainteté du miniſtere de la parole de Dieu, & la dignité d'une fonction ſi relevée. Il faut non ſeulement une grande application , & de longues eſtudes pour ſe remplir l'eſprit des grandes images , qui ſont neceſſaires à former le caractere de cette Eloquence : mais il faut auſſi de longues retraites pour preparer ſon cœur par la ſolitude , à recevoir le ſaint Eſprit , dont le Predicateur

Quomodo prædicabunt nisi mittantur? *Rom.* 12.

ſe fait l'interprete. C'eſt de luy dont il doit prendre immediatement ſa miſſion par les principes de la vie interieure, pour purifier ſon ame par l'exercice des vertus : afin qu'elle devienne ſuſceptible des lumieres celeſtes, & de cette onction de pieté & de devotion que Dieu ne donne qu'aux eſprits humbles & aux purs : & pour ſe diſpoſer enſuite à recevoir l'autorité de ceux qui ſont eſtablis en dignité, & qui ont receu ce pouvoir de Dieu pour le communiquer aux autres. Il doit donc prendre garde à ne pas s'abandonner ſi fort à luy-meſme, & à ſon genie, qu'il ne penſe à prendre auparavant, dans un miniſtere ſi ſaint, le ſecours des lumieres du Ciel par l'uſage frequent de la meditation & de la priere. Sans ce ſecours il eſt impoſſible qu'il penetre autant qu'il faut les veritez de l'Evangile pour les bien preſcher. Cela ſe fait-il ? Y penſe-t-on ? Quelles eſtudes, quelles retraites fait-on pour s'y diſpoſer ? Et quelles preparations d'eſprit y apporte-t-on ? Ne voit-on pas tous les jours de jeunes Predicateurs ſans vertu, & ſans ſcience monter en Chaire, comme monte un Acteur ſur le theatre, pour y joüer ſon perſonnage ? On y invite les amis, on fait un cercle de la parenté, & une grande aſſemblée d'honneſtes gens pour parer l'auditoire, & pour encourager le jeune declamateur. Mais ces Orateurs ſiflez font pitié à ceux qui en jugent ſans preoccupation, dans les occaſions meſmes où ils penſent avoir le mieux reüſſi. Ils ont une idée bien fauſſe d'une ſi ſainte fonction, s'ils croyent s'ériger par là en Predicateurs. Il faut bien d'autres qualitez d'eſprit & de vertu, pour faire briller avec ſuccés le glaive de la parole de Dieu, aux yeux des pecheurs ; pour reduire les libertins ſous le joug ſacré de l'Evángile ; pour jetter dans les eſprits la terreur du jugement, pour ſoûtenir la grandeur & la majeſté des ſujets, dont noſtre Religion fait profeſſion de parler. C'eſt auſſi ſans doute pour cette raiſon que ces deux Apoſtres de noſtre Seigneur furent appellez les enfans du tonnerre : parce que la parole de Dieu, qu'ils traitoient avec la dignité qu'elle merite, estoit éclatante & terrible dans leur bouche, comme l'est le tonnerre, quand il gronde dans l'air. Ainsi il faut bien un autre vocation pour prescher avec benediction, que n'estoit celle de ce declamateur, qui ne preschoit, que pour se delasser l'esprit ; ou de celuy qui ne le faisoit que par ordonnance de son Medecin, & pour se décharger d'une partie de son embonpoint, qui luy devenoit incommode. Ce sont des profanations si déplorables, qu'on auroit de la peine à les croire, si l'on n'en avoit des exemples en ce siecle.

II.

On ne se met point assez dans l'esprit, que c'est de la part de Dieu qu'on parle quand on presche : ainsi l'on oste à sa parole son autorité, & son poids. La pluspart des Predicateurs ne parlent que de leur chef : ils se debitent eux-mesmes : & ils étouffent en quelque façon l'esprit de Dieu, pour laisser la place toute entiere à leur esprit. Ce n'est pas ainsi que faisoient autrefois les Prophetes, qui estoient les Predicateurs de l'ancienne loy : ils ne parloient jamais au peuple comme des particuliers; mais comme des hommes envoyez de Dieu : & la grandeur du Maistre de la part duquel ils parloient, leur attiroit le respect des peuples & des Rois. J'ay veu autrefois l'Ambassadeur d'un petit Prince estranger qui n'avoit nul talent pour parler : mais dés qu'il avoit quelque chose à dire de la part de son maistre, il se donnoit de l'autorité, on l'écoutoit, & il persuadoit mesme, par l'adresse qu'il avoit de se faire considerer : parce qu'il sçavoit prendre l'esprit de celuy qui l'envoyoit, & se défaire du sien. Quel poids ne donneroit-on pas à la parole de Dieu, si l'on sçavoit l'art de la traiter comme la parole de Dieu, & non pas comme une invention toute pure de l'esprit de l'homme? Il faut traiter cette parole pour luy donner du succés, com-

Pro Christo legatione fungimur, tãquam Deo exhortante per nos. 2. Cor. 5.

Non in persuasibilibus humanæ sapientiæ

verbis, sed in ostentione spiritus, & virtutis. Paul. 1. cor. c. 2.

me faisoit saint Paul, *Per arma justitiæ, in verbo veritatis, in virtute Dei.* Cor. c. 7.

III.

Mais pour mieux comprendre encore, avec quel respect il faut traiter la parole de Dieu : le Predicateur n'a qu'à faire reflexion aux saintes frayeurs & au respectueux tremblement dont les Anges sont saisis dans Isaïe, lors qu'ils parlent de Dieu. Ce n'est qu'avec bien de la terreur, qu'ils prononcent son

Isai. c. 6.

saint nom. *Ie voyois*, dit le Prophete, *le Seigneur environné de Seraphins qui crioient d'une voix tremblante. Saint, Saint, trois fois Saint le Dieu des armées : la terre est toute remplie de la majesté de sa gloire.* Voila la profonde veneration avec laquelle les esprits les plus saints parlent de Dieu : & un Predicateur en parle languissamment : il renvoye des auditeurs froids & glacez : parce qu'il l'est luy-mesme. La mort d'un Dieu innocent pour l'homme pecheur, son sang répandu sur le Calvaire,

Calvaire, la sainteté de nostre Religion, la grandeur de nos mysteres, & l'importance du salut, n'ont pas la force d'échauffer l'Eloquence de la plus part de nos Predicateurs, & de leur inspirer cette ardeur, qu'il faut pour toucher : & c'est ainsi que l'on frustre la faim & la soif des fideles, par les fleurs d'une vaine Eloquence, dont on amuse leur curiosité.

IV.

Il n'y a rien peut-estre de si capable de faire comprendre au Predicateur l'importance de son ministere, de ce qu'il y a de plus essentiel dans ses devoirs, & son obligation, que l'establissement du Prophete Jeremie, dans la qualité de Ministre de la parole de Dieu, dont il décrit la ceremonie dans son chapitre premier. Il dit que Dieu le choisit pour cette fonction avant qu'il fut né, qu'il le forma dans le sein de sa mere avec les qualitez requises à ce ministere; qu'il le sanctifia devant qu'il vint au monde, pour soûtenir le merite d'une fonction si sainte, avec quelque sorte de dignité ; que ce fut en vain qu'il pretendit s'en excuser, sur la foiblesse de son âge & sur les imperfections de sa langue ; que Dieu luy donna un esprit d'intrepidité, pour parler de sa part en la presence des Princes & des Grands du monde ; qu'il étendit sa main sur ses levres pour les purifier ; & qu'il mit luy-mesme sa parole dans sa bouche, en luy disant. *Voila que je t'establis mon Predicateur sur les peuples & sur les Royaumes, afin que tu arraches & que tu détruises, que tu édifies & que tu plantes :* Tu arracheras par la vertu de ta parole les vices & les mauvaises habitudes, & tu planteras en leur place toutes les vertus. Car ce sont là les fonctions principales d'un Predicateur. Mais si Dieu fait luy-mesme toutes ces ceremonies pour établir un Predicateur de l'ancienne Loy, qui n'estoit qu'une grossiere image de la nouvelle, & qu'une figure imparfaite de la pureté de cet esprit que nous pres-

Ecce constitui te hodie super gentes & super regna ut evellas & destruas, & disperdas, & dissipes, & ædifices & plantes. *Ier. c. 1.*

chons dans la Loy de Grace : quels preparatifs ne faut-il pas, pour former un Predicateur Evangelique, qui doit prescher JESUS-CHRIST crucifié, comme saint Paul l'a presché, & qui doit exposer aux peuples ces grandes idées du Christianisme, & la sublimité de la science de la Croix ?

Nos autem prædicamus Christum crucifixũ. 1. Cor. c. 2.

V

Comme l'Eloquence sacrée travaille sur un plan infiniment plus grand que n'est celuy de l'Eloquence profane, qu'elle propose un royaume eternel à esperer, des tourmens qui dureront toûjours, à éviter ; que la sainteté de nos mysteres, que la pureté de nostre Morale, que la majesté du Dieu que nous adorons, dont nous trouvons de si grandes idées dans la sainte Ecriture & que toutes ces terribles veritez, qui rendent nostre Religion si auguste, sont les sujets les plus ordinaires où elle s'exerce : elle demande aussi pour faire les grands effets qu'elle se propose, de plus grandes qualitez naturelles, & un genie plus élevé que n'en a jamais demandé l'Eloquence Payenne. Il faut un grand exterieur, de la dignité dans le visage, de la devotion dans les yeux, de l'ardeur dans la prononciation, une liberté dans toute l'action, & un air de Prophete. Mais l'assemblage de ces seules qualitez exterieures est si rare, qu'il n'y a eu presques qu'un seul Prédicateur en ce siecle, qui ait eu, ce semble, ce naturel achevé pour la predication. Outre la vivacité d'imagination, & la netteté d'esprit, qu'il avoit en un souverain degré, & qui luy donnoient une grande facilité à s'expliquer : il avoit encore un talent, pour la prononciation, le plus accomply qui fut jamais. Car on peut dire qu'il estoit Orateur du visage, de la voix, du geste, & de tout son exterieur : il faisoit de ses yeux ce qu'il vouloit, il donnoit l'inflexion à sa voix, l'air à son visage, le tour à son geste, & l'agrément à son discours, tel qu'il luy plaisoit. Jamais peut-estre Orateur n'eut un talent si merveilleux pour ſe faire écouter : & comme perſonne ne fut jamais plus maiſtre de ce qu'il diſoit, ny meſme de la maniere dont il le diſoit, il donnoit à l'eſprit de ſes auditeurs les impreſſions qu'il vouloit. Les plus grands lieux où il preſchoit eſtoient trop petits, pour ſuffire au concours de ceux qui le ſuivoient : l'on dreſſoit dans les plus grandes Egliſes de Paris des machines pour ſe placer, & des theatres pour l'entendre. Quoy que la trop grande facilité qu'il avoit à s'expliquer luy ôtaſt d'ordinaire le ſoin de ſe préparer : il ſoûtenoit toutefois ſi fort de ſon action, ce qu'il y avoit de plus negligé dans ſon diſcours, qu'il le faiſoit paſſer, par ſa maniere de le dire. Les choſes les plus communes dans ſa bouche, eſtoient écoutées avec le meſme applaudiſſement, que ce que les plus habiles Prédicateurs diſoient de plus extraordinaire. Il euſt eſté luy-meſme le Predicateur le plus accomply du ſiecle, ſi ſon jugement & ſa capacité euſſent répondu à ſes autres talens : & s'il n'eut eſté ſi exceſſif dans ſon action, qui exprimoit trop, & qui n'avoit pas toute la gravité que demande la ſainteté de la Chaire.

VI.

Non in ſapientia verbi, ne evacuetur crux Chriſti. 1. Cor. 3.

Ces talens naturels ſont auſſi quelquefois ſi éclatans, qu'ils dérobent, s'il faut ainſi dire, à la parole de Dieu l'eſtime & la veneration qu'on doit avoir pour elle: ſouvent on ſe fait écouter, non pas parce que c'eſt de la part de Dieu qu'on parle: mais parce qu'on parle agreablement, qu'on eſt éloquent, qu'on debite des nouveautez, qu'on a quelque caractere de dignité & d'élevation, ou bien pour d'autres qualitez exterieures, qui ont de l'éclat. C'eſt ainſi que le peuple de Jeruſalem alloit entendre le Prophete Ezechiel, parce qu'il eſtoit éloquent. C'eſt ainſi que ſaint Auguſtin entendoit ſaint Ambroiſe, avant que d'eſtre converty: parce qu'il parloit agreablement. Comme cette curioſité eſt trop humaine, & meſme trop ſenſuelle, le Prédicateur doit éviter d'y donner lieu par la beauté de ſon diſcours.

Ce qu'il peut faire aiſément, en prenant le party, de plus profiter que de plaire. On y reüſſit toûjours, quand on ſçait dire de bonnes choſes, & qu'on les dit avec ſentiment.

VII.

Ce n'eſt pas que tous ceux qui ſont appellez à un miniſtere ſi ſaint, doivent avoir les grandes qualitez dont je viens de parler : il eſt bon qu'il y ait dans l'Egliſe des Predicateurs de differente capacité, pour s'accommoder à celle de leurs auditeurs, qui eſt ſi diverſe. Il ſuffit à un Predicateur qui preſche au peuple, de ſçavoir ſon Chriſtianiſme, & de le bien faire entendre. Un Predicateur mediocre ne laiſſe pas d'eſtre bon à entretenir la Religion, & à la faire ſubſiſter, en inſtruiſant le peuple, & en arroſant la ſechereſſe des campagnes les plus deſertes & les plus alterées, par les eaux d'une doctrine pure & ſalutaire. Le travail laborieux de ces inſtructions populaires eſt d'autant plus relevé aux yeux de Dieu, qu'il paroiſt petit & humble aux yeux des hommes. Mais quelque mediocrité de genie qu'on ait, on peut toûjours estre en estat d'instruire, dés qu'on a quelque talent pour parler. Et quoy qu'il faille du genie pour toucher, il y a neantmoins des Predicateurs, qui à force de faire du bruit, par une maniere animée qu'ils ont à dire les choses, font les mesmes effets sur le cœur du peuple, que font les trompettes dans un combat sur les soldats. Le bruit les anime, car ce n'est pas toûjours la raison qui frappe les esprits grossiers, & qui les fait agir; souvent ils ne l'entendent pas: c'est l'émotion & l'ardeur avec laquelle on parle: le bruit qu'on fait, est ce qui a coûtume de faire impression: & ce ne sont pas tant les choses qui touchent, que la maniere de les dire, parce que cette maniere est sensible, & que les choses ne le sont pas. Ainsi le peuple ne juge souvent des raisons qu'on luy dit, que par le ton de la voix avec lequel on les dit. On croit celuy qui parle le plus haut, & le plus ferme: & ce n'est pas toûjours tant ce qu'on dit qui persuade, que l'autorité avec laquelle on le dit. Car l'ame ne se laisse ordinairement toucher qu'à ce qui touche d'avantage les sens. Mais apres tout, il faut bien faire comprendre à ces Predicateurs populaires, qu'ils deviennent ridicules, dés qu'ils se mettent dans la fantaisie de faire les beaux esprits, & dés qu'ils pensent à plaire, plûtost qu'à profiter. Il suffit pour bien prescher au peuple de luy proposer simplement les grandes veritez de nostre Religion, & la sainteté de sa Morale: sans y chercher tant de façons, qui ne servent souvent qu'à embarrasser le Predicateur, & ceux qui l'écoutent.

VIII.

La pluspart des Predicateurs n'ont pas assez d'attachement à l'estude. C'est ce qui les oblige à se copier les uns les autres, pour remplir leurs discours des matieres dont ils traitent: ils ne vont pas les prendre dans leurs sources: car ils ne les connoissent pas. C'est ce qui leur fait le plus souvent dire de mauvaises raisons pour perſuader la vertu, parce qu'ils n'ont ny la capacité pour en trouver de bonnes, ny l'art de les faire entendre, quand ils les ont trouvées. On ſe gaſte meſme d'ordinaire en voulant trop copier les autres : car on étouffe ce qu'on a de genie, pour prendre celuy qu'on n'a pas. De là naiſſent toutes ces difformitez, qui ſont ſi ordinaires à ceux qui quittent leur naturel, pour prendre celuy d'un autre : c'eſt ce qui fait tant de mauvais Predicateurs, par les manieres fauſſes qu'ils prennent. On ne doit pas meſme ſe ſervir des deſſeins, ny des penſées des autres, que quand on peut les transformer en ſon eſprit, pour ſe les faire propres.

IX.

L'Eloquence de la Chaire ne devient ſolide que par une grande capacité: & l'on ne peut y reüſſir, qu'on n'ait ſoin auparavant de ſe remplir l'eſprit de toutes les connoiſſances neceſſaires, pour traiter la parole de Dieu avec dignité. La Theologie eſt la plus importante de ces connoiſſances, ſans laquelle un Predicateur n'eſt point en eſtat de ſe meſler de donner avec autorité les reſolutions qu'il faut donner dans les ſujets qu'il traite. C'eſt un grand foible à celuy qui preſche, quand il ne peut dire bien preciſément ce qui eſt de Foy, & ce qui n'en eſt pas : car il heſite, lors qu'il faut decider. Mais qu'on ſçache, que s'il n'eſt rien de plus grand, ny meſme de plus agreable dans l'Eloquence de la Chaire, que la Theologie, quand elle eſt bien debitée, & qui n'eſt autre choſe que la ſcience de noſtre Religion : il n'eſt rien auſſi de plus miſerable, ny rien de plus dégoûtant, quand elle n'eſt pas traitée avec la ſuffiſance, & la dignité, avec laquelle elle doit l'eſtre.

X.

Cependant le commerce trop frequent qu'a le Predicateur avec les Scholaſtiques, luy ſera plus prejudiciable qu'avantageux : s'il n'en ſçait pas faire l'uſage qu'il faut, & s'il n'eſt pas aſſez habile pour s'en ſervir avec precaution. Car dans le fonds c'eſt un air fort contraire à l'Eloquence que celuy de l'Ecole : & je ſuis perſuadé que la lecture de ſaint Thomas, tout ſolide & tout methodique qu'il eſt, a plus fait de mauvais Predicateurs que de bons : parce qu'il a écrit dans un fort miſerable ſiecle, dont le goûſt eſtoit tres-corrompu. L'aïr dur & ſec, qu'il a à dire les choſes, eſt auſſi opposé à l'Eloquence, que les choſes qu'il dit y ſont propres. Ce n'eſt pas que le ſtyle ſimple qu'il a, ne ſoit le meilleur pour inſtruire : mais il devient contraire à celuy qu'on doit prendre, quand on parle en public. Les autres Theologiens qui ſont venus apres luy, ayant pris ſa maniere , dont on s'eſt fait une methode pour l'Ecole, ſont auſſi dangereux que luy pour l'Eloquence de la Chaire : elle ſe laiſſe deſſecher à ces ſubtilitez de raiſonnemens , qui peuvent donner des nerfs & de la force au diſcours : mais qui luy oſtent ſa grace & ſon embonpoint. Ce n'eſt pas que la dialectique qui enſeigne l'Art de bien penſer, ne ſoit abſolument necessaire à l'Eloquence comme je l'ay déja remarqué : car sans elle ce n'est qu'une causeuse qui parle en l'air, & ne dit rien. Mais ce secours ne doit pas estre pris dans cette maniere seche qui luy est ordinaire : il faut y mesler les ornemens de l'Eloquence, pour donner de l'agrément au discours.

XI.

On doit faire la mesme observation sur l'estude des Peres Latins, qui sont aussi contraires à l'Eloquence que le sont les Theologiens, à cause de l'estat miserable, où l'Eloquence s'est trouvée dans les temps ausquels ils ont écrit. Chacun sçait à quelles extremitez tout ce qui s'appelle bon sens dans les lettres, fut reduit par le débordement des Barbares en Italie. Tous les Peres des premiers siecles, jusques à saint Bernard, ont écrit de cette maniere seche & dure ; si l'on en excepte un fort petit nombre, qui ne s'est pas laissé gaster à ce méchant goût, par quelque teinture de l'antiquité qu'il avoit conservée ;

comme Minutius Felix, Salvien, Arnobe, ſaint Jerôme auſquels on peut adjoûter quelques endroits des ouvrages de S. Ambroiſe & de ſaint Auguſtin. Les Peres Grecs ſont plus éloquens que les Peres Latins, quoy que l'ordonnance de leurs deſſeins, & des matieres qu'ils traitent, y ſoit ſimple ordinairement, toûjours peu juſte, & peu conforme aux preceptes de l'Art : parce que la pluſpart ont pris un air d'Eloquence naturel & aiſé, pour s'eſtre trop abandonnez à leur genie : comme on peut remarquer dans ſaint Baſile & dans S. Jean Chryſoſtome. Je dis la pluſpart : parce que ſaint Gregoire de Nazianze eſt plus poly, & il a ſans doute plus d'art. Mais quand on avertit les Predicateurs du danger où la lecture des Peres Latins peut expoſer leur Eloquence : afin de les obliger à prendre des precautions, pour ne pas ſe gaſter de ce coſté-là : on ne pretend point en décrier le commerce, qui eſt non ſeulement utile : mais meſme abſolument neceſſaire au Predicateur pour luy remplir l'eſprit des idées de la sainteté, & de la grandeur de nostre Religion, que l'on trouve par tout dans les ouvrages de ces Peres. C'est dans cette lecture, comme dans la source la plus pure de la Morale Chrétienne, que le Predicateur doit puiser la connoissance des veritez qu'il veut enseigner. Les Peres sont les interpretes naturels de l'Evangile: & l'Eglise ne les a honorez de ce nom sacré de Peres, que parce que leurs ouvrages sont en quelque façon le patrimoine & l'heritage qu'ils ont laissé aux fideles, comme à leurs veritables enfans.

XII.

Ce n'est pas assez que le Predicateur fasse un fonds de capacité par une longue estude de Theologie, & une frequente lecture des Peres, qu'il doit lire avec methode: il doit encore penser à se faire une Rhetorique pour la Chaire, dont on ne trouve point de caractere dans les anciens, qui n'en ont eu aucune idée, ny dans les modernes, qui n'ont copié que les anciens. La majeſté de noſtre Religion, la ſainteté de ſes loix, la pureté de ſa morale, la hauteur de ſes myſteres, & l'importance de tous ſes ſujets doit donner une élevation à l'Eloquence ſacrée, qui ne peut eſtre ſoûtenuë de la foibleſſe d'un eſprit purement humain. Il y faut de la grandeur, de la nobleſſe, de la majeſté: un ſtyle enfin qui reponde à ſon ſujet: car on ne doit jamais parler de Dieu ny des choſes de la religion qu'avec bien de la dignité & conformement à la grandeur de ces diſcours: dont parle Daniel. Ce ſera en vain qu'on cherchera cette Eloquence dans la Rhetorique d'Ariſtote, dans les idées d'Hermogene, ou dans les inſtitutions de Quintilien. Ce genre meſme ſublime que Longin s'eſt formé de toutes les grandes expreſſions des anciens, qu'il a ramaſſées, eſt foible & rampant, en comparaiſon de celuy que le Predicateur doit ſe faire, pour ſoûtenir ſon caractere. Cet air élevé que demande la grandeur du Chriſtianiſme, & l'incomprehenſibilité

Propter vocem ſermonũ grandium quos cornu loquebatur. Cap. 7.

ſibilité de noſtre Foy, ne peut ſe prendre que dans les grandes idées que l'Ecriture ſainte donne à ceux qui ont trouvé le ſecret d'en penetrer la profondeur. Ce n'eſt que dans cette ſource ſi pure & ſi feconde, que le Predicateur trouvera ces magnifiques expreſſions, dont le ſaint Eſprit eſt l'auteur : c'eſt de là qu'il doit prendre ces éclatantes images & cette élevation, qui fait le caractere eſſentiel de l'Eloquence de la Chaire, dont ſaint Paul a permis l'uſage en cet Orateur d'Epheſe nommé Apollo, qui avoit un talent rare de la parole. Que le Predicateur qui veut donc devenir eloquent, liſe ſans ceſſe les Prophetes, & qu'il ſe donne le temps de les mediter s'il veut faire le terrible, ce qu'il doit preſque toûjours faire. Car pour bien preſcher, il faut épouvanter le pecheur, & le réveiller de l'aſſoupiſſement où la moleſſe du ſiecle a reduit les mœurs, en jettant la terreur dans ſon eſprit. L'Ecriture ſainte eſt une ſource ſi abondante de toutes les richeſſes, & de tous les ornemens,

Naturaliter plus valet apud plurimos malorum timor, quã ſpes bonorum. *Fab. l. 3. c. 8.*

dont se pare l'Eloquence, qu'on peut y trouver tous les divers genres d'écrire : car Isaïe est élevé, Jeremie est touchant, Ezechiel est terrible, Daniel est tendre, tous les autres Prophetes en general ont de la grandeur, & il ne s'est rien écrit de cette force par les Orateurs profanes. Jamais aussi le bon sens ny la droite raison ne s'est developpée en aucun ouvrage de Morale, mieux que dans les livres de Salomon. Jamais l'Histoire n'a esté écrite d'un air plus simple ny plus élevé tout ensemble ; & ainsi d'une maniere plus parfaite, que celle de Moïse : dont Longin ne cite que deux mots du commencement de la Genese, pour donner la plus grande idée du genre sublime qui puisse estre, & dont toute l'élevation des Auteurs Payens est si éloignée. Il ne s'est jamais aussi rien écrit de plus tendre ny de plus delicat pour les sentimens de la devotion & de la pieté, que les Pseaumes de David. La politique la plus fine des sages du monde n'a jamais porté ses veuës plus loin, que

γενέσθω φῶς καὶ ἐγένετο. cap. 8.

le livre de la Sagesse & celuy des Proverbes. Enfin, il n'a jamais rien paru dans toute l'étenduë de la capacité de l'esprit humain de plus penetré, ny de plus approfondy, que les mysteres adorables de la grace & de la predestination, que saint Paul a expliquez dans ses Epistres. Et pour adjoûter un mot du nouveau Testament, qui est le livre le plus essentiel de nostre Religion, & dont tout ce qui a esté écrit par les Prophetes n'est qu'une espece de Preface & d'Introduction : que peut-on dire de plus expressif & de plus grand que ce que JESUS-CHRIST en a dit luy-mesme en deux mots : *Verba quæ locutus sum vobis, spiritus, & vita sunt ?* Les autres livres n'ont que des paroles, celuy-cy n'a que des choses : & comme c'est le caractere de l'esprit de l'homme de parler beaucoup, & de dire peu : c'est le caractere de l'esprit de Dieu, de parler peu & de dire beaucoup. En effet, l'Ecriture sainte a une grandeur de sens caché sous une expression simple, qui fait d'ordinaire

Ioan 6.

plus concevoir qu'elle ne dit. Qui a-il de plus ſimple & de plus ſuccint que ces paroles ? *Verbum caro factum eſt... Et crucifixerunt eum.*

Ioan. 1.
Ioan. 19.

Combien de volumes a-t-on fait ſur ces deux mots pour les expliquer ? Combien en fera-t-on encore ? Et quelle penetration d'eſprit ne faut-il pas pour découvrir toute la profondeur de ces myſteres ? On s'arreſte toutefois à la ſuperficie de ces paroles, ſans les approfondir par la meditation. Qui eſt aujourd'huy le Predicateur aſſez éclairé, pour penetrer les tenebres myſterieuſes, & les ſaintes obſcuritez du texte ſacré de l'Ecriture, & pour découvrir tout le ſens qu'elle renferme ? car combien ſe trouve-t-il peu de perſonnes capables de rompre ce pain ſacré de la parole de Dieu, qui doit eſtre la nourriture la plus ordinaire des fideles, c'eſt à dire des Predicateurs aſſez profondement ſçavans pour expliquer au peuple tout le ſens de l'Ecriture ſainte : & qui ſçachent l'art de s'en ſervir dans leurs ſermons, comme du moyen le plus ſeur pour reüſ-

Parvuli petierunt panem, & non erat qui frangeret eis. c. 4. lam. ier.

sir en la predication. On presche ses imaginations & ses pensées, & l'on abandonne les pensées du saint Esprit. N'est-ce pas manquer dans les principes? Car il ne peut y avoir d'Eloquence Chrestienne que sur la veritable idée, qu'on en doit prendre dans l'Ecriture sainte, qui en est le premier original.

XIII.

Il y a aussi pour la Chaire un style tout particulier, que les Predicateurs n'estudient pas avec assez de soin. Ce style est celuy dont se servent les Apostres, dans les predications qu'ils font au peuple, aprés avoir receu le saint Esprit, au livre des Actes: où ils expliquent les choses dont ils parlent par les expressions de l'ancien & du nouveau Testament. C'est dans cette source sacrée qu'ils prennent leurs termes, leurs phrases, leurs figures, leurs exemples, leurs raisons, & toutes les amplifications de leur Eloquence: ou plûtost le saint Esprit qui parle par leur bouche, s'explique par eux de la mesme maniere, qu'il s'expliquoit par la bouche des Prophetes, parce que c'est le mesme esprit. C'est aussi cette maniere qui doit estre, celle de la Chaire, & que le Predicateur doit tascher à acquerir, par la lumiere interieure, qu'il reçoit de la meditation, & par la frequente lecture de l'Ecriture sainte, qu'il doit se rendre familiere, parce que c'est le tresor le plus riche que JESUS-CHRIST ait laissé à son Eglise. Il faut se faire disciple du saint Esprit, quand on pense à devenir le maistre des hommes, pour les instruire des veritez de nostre Religion: on doit entrer par une foy simple & humble dans l'intelligence de ces instructions celestes, qui sont comme une manne spirituelle, que Dieu a voulu cacher sous le voile de l'Ecriture. Et quand une fois le Predicateur s'en est remply l'esprit: il répand dans tout ce qu'il dit cette onction divine, qui est le veritable caractere de la parole de Dieu: & il penetre les cœurs par la force de son discours, comme par autant de rayons, pour éclairer l'esprit de ses auditeurs ; & comme par autant de flammes pour échauffer leurs cœurs.

XIV.

Mais outre ce fond de capacité prise, comme j'ay dit, de la lecture des Peres, & d'une longue estude de Theologie, avec cet art d'Eloquence formée sur celle des Prophetes : le Predicateur doit se faire une morale, dont les principes soient tirez de l'Evangile, car toute autre morale ne peut estre qu'une Philosophie toute pure & une probité de payen. On doit estudier cette morale, non seulement dans l'Evangile : mais encore dans les Epistres de saint Paul, & dans les Homilies de saint Chrysostome, où elle est si bien expliquée : ces Homilies doivent estre l'estude la plus ordinaire du Predicateur : sur cela il trouvera encore de grandes instructions dans saint Augustin, dans saint Jerôme, dans S. Gregoire le Grand, dans S. Bernard, & dans les autres Peres. Il doit les lire avec soin : non pas pour y chercher de belles pensées, & de ces endroits brillans, que recherchent les jeunes Predicateurs, pour donner de l'éclat à leur discours; & qui pour dire vray, ne servent de rien à l'edification du peuple, ny à la vraye componction de cœur.

XV.

Attende tibi, & doctrinæ. Epist. Paul. 1. Timot. 4.

La veritable Morale de nostre Religion ne peut estre prise que dans ces sources si pures & si saintes, dont je viens de parler, sur tout en ce temps où chacun se fait des morales à sa fantaisie, & où il se trouve des Predicateurs assez extravagans, pour ne debiter en Chaire que leur chagrin & leur temperament tout pur, pour toute morale, qu'ils accompagnent des ridicules visions, dont ils sont peut-estre déja préoccupez, & que l'esprit de la nouveauté leur inspire. N'a-t-on pas vû depuis quelque temps prescher à Paris un Ecclesiastique, qui dans une profonde ignorance des choses que doit sçavoir un Predicateur, se mêloit de decider de tout dans la derniere rigueur: & parce qu'il debitoit avec une assurance

de Prode Prophete, & une hardiesse de Bachelier les plus grandes absurditez du monde : & qu'en matiere de morale il n'y avoit point de fantaisie qu'il ne hazardast, dés que la fumée de son zele luy montoit au cerveau : on le couroit plus que les autres Predicateurs. Car c'est assez la maniere de nostre Nation, sur tout à Paris, où l'on court apres tout ce qui est nouveau, & tout ce qui a quelque air de singularité. Mais quand on a penetré le fonds de ces Predicateurs, qui font profession d'embellir leurs discours, d'une affectation de severité : on trouve qu'ils ne sont pas tout à fait si durs à eux-mesmes qu'ils le sont aux autres. Tel fut ce Docteur, qui preschant il y a quelque temps, dans une des celebres Paroisses de Paris, commença son Caresme par promettre d'un ton de reformateur, qu'il ne prescheroit que la morale severe, & la rigueur toute pure du veritable Christianisme : pour l'opposer à la morale relaschée des nouveaux Casuistes. Mais comme on est peu charitable à Paris, on

Prophetæ ejus vesani, viri infideles. Soph. c. 4.

parla de la morale du Predicateur, qui avoit parlé de celle des autres: & son histoire fut meslée dans les discours, dont la raillerie prend plaisir à réjoüir les compagnies. Quand on veut prescher la severité, il faut le faire comme JESUS-CHRIST l'a fait; c'est à dire, la prescher par son exemple. Le caractere de la severité Chrestienne est d'estre doux aux autres, & dur à soy-mesme. C'est faire l'imposteur & le Comedien, & non pas le Predicateur d'en user autrement. On a vû dans le siecle passé de faux zelez, qui faisoient profession de prescher une morale plus rigide que les autres, pendant qu'ils levoient des mains impures vers le Ciel, & qu'ils fomentoient l'erreur sur la terre. Enfin, tous ces Predicateurs qui ne sont excessifs, que parce qu'ils sont ignorans, & qui de pures bagatelles font des énormitez & des abominations, qui damnent une femme de leur autorité, pour avoir porté un ruban de couleur, ou pour avoir esté à la promenade un jour de Feste: ces Predicateurs, dis-je, deshonnorent leur ministere par l'excés de leurs sottes exaggerations. Ils découragent les fideles en leur faisant de fausses images du crime, & autorisent le libertinage des impies, par les terribles idées qu'ils leur donnent de la vertu: car ils la font sans comparaison plus affreuse & plus sauvage, qu'elle ne l'est en effet.

XVI.

Le peu de succés de la plusspart des Predicateurs, vient du peu de soin qu'ils ont d'apprendre la Morale de nostre Religion, & du peu de talent qu'ils ont à la traitter: car rien ne touche davantage les esprits, que les portraits qu'on en fait, quand on les fait bien. On y manque souvent par une vaine curiosité, qu'on a de donner trop au raisonnement, dont on étouffe sa matiere. C'est un party qu'on prend, pour éviter la difficulté qu'il y a de bien peindre les mœurs, qui est la chose la plus capable d'attirer de l'admiration à l'Orateur; mais aussi la plus difficile. Afin d'y reüssir, il faut commencer par bien connoiſtre le cœur humain : il faut ſçavoir le détail de tous ſes mouvemens, pour en faire un portrait veritable, & pour peindre les hommes ſi fort au naturel, qu'ils puiſſent ſe reconnoiſtre dans les portraits qu'on fait d'eux. C'eſt en quoy manquent preſque tous les Predicateurs, qui font de fauſſent images des mœurs à ceux qu'ils preſchent: ainſi ils ne touchent pas, parce que ces portraits eſtant faux, on ne s'y reconnoiſt point: ce qu'ils diſent, eſt perdu, perſonne ne le prend pour ſoy. On preſche à des gens de bien comme à des ſcelerats : on parle aux gens de la Cour comme à des gens de bien : on porte une morale bourgeoiſe au Village, & l'on fait des Sermons, où il ne faudroit que des Catechiſmes tout ſimples, & des Inſtructions toutes pures. Chacun ſçait l'hiſtoire de ce Predicateur qui preſchoit toutes les eſpeces du peché, contre le ſixiéme Commandement, à des Religieuſes qui eſtoient fort ſages. Ce défaut eſt le plus ordinaire de tous, à ceux qui preſchent : parce que le diſcernement neceſſaire des perſonnes à qui l'on parle, & la connoiſſance parfaite des mœurs des hommes, ſont des talens fort rares : pour la grande experience du monde qu'il faut avoir, jointe aux lumieres de la Philoſophie & de la Theologie. Ce ſont des ſciences qu'il eſt bon de ſçavoir à fonds : car elles ſont les premieres ſources de ce diſcernement ſi neceſſaire au Predicateur : & je ſuis perſuadé, qu'on ne reüſſit à la predication qu'autant qu'on a ce diſcernement, c'eſt à dire qu'autant qu'on connoiſt les mœurs & le cœur de l'homme.

XVII.

C'eſt un abyſme d'une profondeur impenetrable que ce cœur : quelques découvertes qu'on y faſſe, il y en a tous les jours de nouvelles à faire. Mais il ne ſuffit pas pour en faire une peinture veritable de l'avoir aſſez penetré : afin d'y reconnoiſtre ſes fourbes, ſes tromperies, ſes diſſimulations, ſes foibleſſes, ſes ſoupçons , ſes défiances, ſes jalouſies, ſes irreſolutions, ſes contradictions, ſes détours, ſes inegalitez, ſes delicateſſes ſur ſon intereſt, ſon orgueil, ſa preſomption, le meſlange confus de toutes ſes affections, & enfin la pente naturelle & preſque inconcevable qu'il a à la malice & au déguiſement. Il faut encore luy oſter le maſque de vertu, de candeur & de ſincerité, dont il ſe ſert pour exercer d'ordinaire avec plus d'artifice les rafinemens de ſa diſſimulation : il faut luy faire voir que par un fond inépuiſable d'amour propre, contre lequel les Peres ſpirituels ont declamé avec tant de chaleur, & par une fauſſe pudeur, il ſe cache à luy-meſme la méchanceté de ſes intentions, pour éviter par ſes déguiſemens, la confuſion qu'il en auroit. Comme il n'a aucune vertu de ſoy, qu'au contraire il a tous les vices ; il faut luy montrer que la joye qu'il fait paroiſtre dans l'exercice de la vertu, n'eſt ſouvent qu'une joye contrefaite: qu'il ſe flate fauſſement d'une apparence de douleur & de repentir dans l'exercice de la penitence: que sa foy, son esperance, sa charité & ses autres vertus sont quelquefois imaginaires & supposées, dont il se fait un amusement à luy-mesme, & une fausse tranquillité dans le vain & dans le confus projet qu'il se forme de son salut. Enfin, pour le découvrir tout entier, & faire voir ce qu'il est : il faut luy dépeindre ses fausses modesties dans les choses qu'il recherche; ses excuses artificieuses dans celles qu'il fuit ; la perversité de ses jugemens dans celles qu'il estime; la foiblesse de ses resolutions, & l'agitation continuelle de ses inquietudes dans le bien qu'il poursuit. Je ne finirois point si je voulois en découvrir tous les détours, & en déployer tous les replis. J'en ay assez dit pour marquer en general les sources principales de ses mouvemens, qui doivent estre le sujet d'une attention perpetuelle à celuy qui pretend se distinguer des autres Predicateurs. Car en effet la connoissance du cœur de l'homme plus ou moins grande, est presque la seule chose qui fait la veritable distinction des differens talens de la predication, dans le nombre infiny des diverses manieres qu'il y a de prescher. Le peu de soin qu'ont la plus-part des Predicateurs de bien connoistre l'homme, est une des causes des plus ordinaires du petit nombre de ceux, qui reüssissent. Parce que quand ils disent les choses en general, & qu'ils ne descendent point dans le détail particulier des mœurs: on ne s'interesse nullement à ce qu'ils disent. C'est ce détail de la Morale, quand il est naturel, qui fait le succés du Predicateur: & comme ce secret est rare, le succés l'est aussi: mais il est bon d'avertir ceux qui se veulent mêler de peindre les mœurs, de n'y pas penser, sans avoir & du genie pour cela, & un grand commerce du monde: l'un & l'autre est tellement necessaire pour y reüssir, qu'au lieu d'exciter l'admiration, on fait pitié quand on s'en mesle, sans ces dispositions-là.

XVIII.

Outre la Morale, qui est une des parties de l'Eloquence qui contribuë le plus à la rendre admirable : l'Art d'exciter les passions par l'usage des mouvemens n'y contribuë aussi pas peu. Il ne suffit pas au Predicateur de dire de bonnes choses, il faut les bien dire, & d'un air touchant : car ce qu'on dit de touchant, sans estre touché, n'est d'ordinaire pris que pour une grimace, dont on se mocque. J'ay entendu autrefois un Docteur de Sorbonne, qui preschoit les veritez de l'Evangile avec des paroles fort choisies, & tout ce qu'il disoit estoit bon : mais il le disoit froidement, sans action & sans cette chaleur qui est necessaire pour toucher : ce qui donnoit lieu aux plaisans de dire, qu'il ne pouvoit estre si tranquille, sans estre resigné à la reprobation de ses auditeurs : puis qu'il paroissoit prendre si peu d'interest en ce qu'il disoit. Et en verité cette maniere froide de dire, & d'estre languissant sur les grands sujets de l'Evangile, est un grand obstacle à la vertu de la parole de Dieu : laquelle à moins que d'estre preschée avec quelque sorte de zele & d'ardeur, ne fait pas le fruit qu'elle doit

Tibi, si vis me flere, dolendum est. Horat.

Dabit voci suam vocem virtutis. *Ps. 67.*

faire. Mais combien peu de Predicateurs y a-t-il aujourd'huy qui puissent se vanter d'avoir émû le moindre de leurs auditeurs, sur l'horreur du peché, & sur la grandeur des peines qui luy sont destinées ? Quoy que nous apprenions qu'un Jerôme Savonarolle dans Florence, un Loüis de Grenade dans Seville, & un Delingendes dans Paris, fissent autrefois trembler leurs auditoires tous entiers : dés qu'ils ouvroient la bouche sur des matieres d'elles-mesmes si terribles. Le Prophete Jonas épouvante Ninive & la convertit, dés le premier Sermon qu'il fait de la Penitence à cette grande Ville : il fait prendre le cilice au voluptueux Sardanapale & à toute sa Cour : & nos Predicateurs pendant tout un Caresme, ne convertissent pas quelquefois un pecheur. Ce desordre ne vient que de ce qu'on presche languissamment, & de ce qu'on ne le fait jamais presque d'une maniere assez touchante. On parle d'un Capucin nommé Philippe de Narny, qui sous le Pontificat de Gregoire XV. preschoit à Rome avec tant de force, tant d'action & tant de zele : qu'il ne parloit jamais en public, qu'il ne fit crier par les ruës misericorde au peuple, quand on sortoit de son sermon. On dit mesme qu'ayant un jour presché devant le Pape, de la residence : il épouvanta si fort par la vehemence de son discours, trente Evesques qui l'entendirent, qu'ils s'enfuyrent dés le lendemain dans leurs Dioceses. Ces grands effets ne viennent pour la pluspart que d'un talent extraordinaire de la prononciation, à qui l'Eloquence doit souvent les miracles qu'elle fait ; sur tout à l'égard du peuple. Car l'esprit du peuple est trop borné pour estre touché de l'Eloquence, que par ce qu'elle a de sensible, c'est à dire par une declamation ardente & pathetique. On étudie toutefois peu cette declamation, parce qu'elle demande un soin & une application, dont fort peu de gens sont capables : & la pluspart des Predicateurs n'y pensent pas mesme.

XIX.

Le plus excellent genie de tous pour la Chaire est le pathetique, parce qu'il touche, & qu'il remeuë tous les ressorts de l'ame : il a des figures & des mouvemens qui saisissent le cœur sans briller aux yeux : dont il ne se soucie pas. Ceux qui ont du naturel pour le pathetique, & qui ont de quoy y reüssir doivent renoncer à tous les autres dons de l'Eloquence, pour se renfermer, & pour se perfectionner tout à fait dans celuy-cy. Mais aussi s'il n'est soûtenu d'un esprit solide, d'un grand sens, d'un discernement exquis, & d'une parfaite connoissance des mœurs de l'homme : il est sujet à tomber dans des mouvemens faux, vuides de sens, vuides de choses, qui n'ont rien que de vain & de puerile : & il degenere enfin dans une fureur extravagante, & dans une declamation ridicule, que Longin appelle un emportement mal entendu & hors de saison. Comme l'Orateur pathetique est le moins propre, pour le Panegyrique : le Panegyriste habile s'entend mal à traiter les passions : ce sont des talens fort differens : & ceux à qui la vigueur manque pour le pathetique, s'amusent, dit le mesme Longin à peindre les mœurs, qui est un caractere bien inferieur à l'autre. Long. de sublim. Cap. 7.

XX.

Il n'est que trop vray que ceux qui s'appliquent à la Chaire ne se donnent pas le temps de s'exercer à la prononciation. On pense à tout autre chose, on estudie les Peres, on estudie la Rhetorique, on estudie la langue : & l'on n'estudie point cet Art de l'action, qui seule a le pouvoir d'animer ce qu'on dit, & de luy donner l'agrément necessaire pour attirer l'attention de l'auditeur. La negligence de cette partie est capable elle seule de rendre toutes les autres inutiles. Ce n'est pas apres tout, qu'il n'y ait en cela comme dans les autres choses, des extremitez à craindre. Car ces Predicateurs qui font les passionnez sur tout : & qui s'avisent quelquefois de foudroyer dés l'exorde, pour n'y pas manquer, se gastent, en donnant trop à leur humeur. Il est bon de leur faire comprendre, qu'on n'est plus capable de toucher, quand il faut: lors qu'on s'est mis dans la teste de vouloir toûjours toucher. On a vû il y a quelque temps prescher à Paris un Predicateur qui estoit de cette humeur, quoy qu'il preschât avec bien du succés. En effet, il avoit un talent rare, & des traits dans son discours qui frappoient les esprits : sa diction estoit forte, & tout son air vehement. Mais il perdoit ces avantages par une trop grande passion qu'il avoit de toucher, & de faire souvent du bruit à contretemps. Ainsi sa declamation estoit devenuë trop emportée, ses gestes trop expressifs, son visage trop comedien. Enfin sa maniere s'estoit si fort gâtée par les grimaces & les agitations violentes & forcées de tout son corps, qu'on le défendoit aux femmes grosses: parce que ses mouvemens avoient l'air de convulsions. Il faut éviter ces entestemens de zele, qui deviennent blâmables, dés qu'ils

Gestus aberit à scenico, nec vultu nec manu nec excursionibus nimius. F. b. l. 11. c. 12.

ſont exceſſifs. Le Predicateur doit ſe bien mettre dans l'eſprit qu'il ne touche plus, dés qu'il laiſſe trop voir, qu'il veut toucher; que c'eſt toûjours un faux pathetique, que celuy qui dure trop long-temps; & que le zele devient ſuſpect, dés qu'il a trop de chaleur, ou dés qu'il veut trop paroiſtre.

XXI.

On veut auſſi quelquefois trop plaire ſans ſe mettre en peine de toucher: c'eſt une autre extremité, qu'on doit éviter. Car la Chaire ne doit pas eſtre comme le theatre, où l'on ne va que pour le plaiſir: il faut que le Predicateur penſe à dire des choſes utiles. Mais pour y reüſſir, il faut commencer par toucher, pour plaire: on ne va au Sermon que pour eſtre touché quand on y va, comme l'on doit y aller. Ce n'eſt pas qu'il ne regne en ce ſiecle une eſpece de bon ſens, qui va au bien. Mais par une paſſion trop grande qu'on a de plaire. On s'expoſe à perdre le veritable fruit des choſes: parce qu'on n'en cherche que la fleur. Car ce qui

Dedit hoc providentia hominibus munus, ut honesta magis juvarent: sed nos ipsa quil edo longius ducit. *Fab. l. . . 12.*

plaist, ouvre le cœur & dissipe l'esprit, qui ne profite qu'en se recüeillant : & l'on pert le solide, pour s'attacher trop à ce qui est agreable. C'est sans doute dans cette disposition d'esprit qu'il y a des Predicateurs, qui cherchent à plaire plus qu'à toucher, & qu'on introduit mesme dans la Chaire de certains goûts qui regnent dans le monde : on les recherche pour devenir à la mode. Nous avons vû depuis peu des Predicateurs de cette maniere : on se paroit pour aller au Sermon, le beau monde s'y trouvoit : on y debitoit une Morale galante, d'un air coquet : & l'on ne remportoit de ces Sermons agreables, que la dissipation d'esprit, qui est ce qu'il y a de plus opposé à la devotion. Malheur à ces Predicateurs à la mode : l'Evangile, ny les Apostres n'y ont jamais esté. Quelle indécence de prescher la triste severité de nostre Religion, l'abjection du Christianisme, & l'opprobre de la Croix, d'un air brillant & avec des paroles fleuries : & pretendre par là mesler des ornemens foibles & debiles aux grandeur-

grandeurs & à la majesté de nos mysteres. C'est un défaut des plus ordinaires de ces Predicateurs, qui preschent aux personnes de qualité: ils s'amusent à faire les agreables, avec des gens qu'il faudroit épouvanter, en leur faisant bien comprendre, que leur condition a une opposition essentielle au salut: & qu'on ne trouve aucune trace, ny aucun vestige de l'Evangile, ny du vray Christianisme dans la vie qu'on mene à la Cour. Il est vray qu'il faut avoir de la compassion de ces aveugles, qui sont empoisonnez de l'air empesté qu'on y respire: ce qui doit d'autant plus exciter les Predicateurs à leur dire la verité. Car nous apprenons de nos Peres, que la Cour ne laissoit pas d'estre Chrestienne, quand les Predicateurs y preschoient chrestiennement, & qu'elle estoit sainte, quand ils estoient saints.

XXII.

C'est aussi pour cela que la pieté est une des qualitez des plus necessaires au Predicateur. Il doit en faire ſa nourriture ordinaire, pour réveiller en luy la ferveur de la charité & de la devotion, que la diſtraction des affaires ſera capable de refroidir. On ne peut y parvenir, que par une grande pureté de vie, & par des exercices continuels de la priere & de la penitence. Par cette diſpoſition le Predicateur s'attire la veneration des peuples, & imprime dans leurs eſprits ce reſpect profond qui eſt dû à la parole de Dieu. On a vû il y a quelque temps preſcher un Predicateur de ce caractere dans la Cour de Loüis XIII. Dés qu'il paroiſſoit en Chaire on eſtoit prevenu en ſa faveur : la modeſtie de ſon viſage eſtoit ſi grande, & ſon exterieur eſtoit ſi devot, qu'on eſtoit recüeilly dés qu'on le voyoit : & l'on commençoit d'eſtre perſuadé de ce qu'il alloit dire, avant qu'il eût ouvert la bouche pour parler. Il preſchoit avec tant de pieté & de recüeillement, que ſa devotion en donnoit à ceux qui l'écoutoient : ſon diſcours eſtoit touchant, ſolide, chreſtien. Mais il paroiſſoit dans tout ſon air une certaine on-

Le Pere Suffren de la Cõpagnie de Jeſus.

ction de grace & de benediction, qu'il s'attiroit par la priere, par la meditation, par des conferences secretes avec son Crucifix, par ses austeritez & ses penitences, qui estoient ses preparations ordinaires, lors qu'il faloit prescher: & par cette maniere quels fruits n'a-t-il point fait? Et quel succés n'a-il point eu? On a vû aussi prescher de cette maniere le Confesseur d'Henry III. qui convertit quarante mille Huguenots dans la naissance de cette heresie, qui s'exposa deux fois à servir les malades de la peste, qui ne se servit du pouvoir qu'il avoit auprés du Roy que pour l'empescher de le faire Cardinal, qui fut mené au supplice à Lyon par les Heretiques, dont il fut délivré par une providence de Dieu toute particuliere. Et c'est la maniere dont il faut prescher. Car avec quel front peut-on prescher la parole de Dieu, sans luy rendre témoignage par la sainteté de la vie, & par une conduite irreprochable. La pieté mesme du Predicateur peut suppléer au défaut de ses autres talens. S. Charles avec

Le Pere Edmont Auger de la Compagnie de Jesus.

une poitrine foible & une voix desagreable & presque éteinte, convertissoit les peuples, parce qu'on estoit persuadé de sa vertu : & l'opinion de sa sainteté faisoit, ce qu'il ne pouvoit pas faire par son éloquence & par ses autres talens. Ainsi qu'on cherche tant qu'on voudra le secret de bien prescher, & de convertir, on trouvera que ce n'est que par l'humilité, par la motification, & par la vie édifiante du Predicateur que fructifie d'ordinaire la parole de Dieu C'est aussi pour cela que Dieu défend au Pecheur de parler des verités saintes, quand sa vie n'est pas conforme à la sainteté des mysteres, qu'il presche. Vous nous venés parler en homme zelé de l'amour des biens du Ciel, vous qui estes encore tout plongé dans l amour des biens de la terre.

XXIII.

Plusieurs ne reüssissent pas : parce qu'ils ont des veuës trop humaines & trop interessées : ils sont plus attentifs à leur establissement, qu'aux salut de leurs auditeurs, ils se preschent eux-mesmes, & nullement JESUS-CHRIST. Que ces Predicateurs se souviennent que les grands succés, que Dieu donnoit aux predications des Apostres, ne venoit, dit saint Jean Chrysostome, que de leur desinteressement. Saint Paul convertissoit des peuples entiers; parce qu'il ne pretendoit, par ses Sermons, que la conversion & le salut de ceux ausquels il preschoit. Mais il arrive aussi quelquefois que ceux qui ont pû se mettre au dessus des esperances temporelles, en renonçant au monde, n'ont pas peut-estre assez de force pour se mettre au dessus d'une sotte vanité, qui fait trop rechercher au Predicateur sa propre reputation. On a peine à ne pas se prescher, en preschant l'Evangile: & apres avoir renoncé à tout, on ne peut renoncer au plaisir qu'on a d'estre loüé. Il faut qu'un Predicateur pour se guerir de cette foiblesse, comprenne, quand mesme toutes les loüanges qu'on luy donne seroient sinceres, ce qui n'est presque jamais: qu'il n'a presché que fort mediocrement, quand il a laissé à son auditeur la liberté de dire qu'il a bien fait ; & qu'il n'a presché rien qui vaille, quand il a donné lieu de dire qu'il a presché agreablement : car il n'a donné que du plaisir, il n'a pas fait de fruit. La plus grande loüange d'un Predicateur, est le silence de ses auditeurs, qui se levent tout pensifs de leurs chaises aprés le Sermon, & sortent de l'Eglise sans dire mot. C'est une marque qu'ils sont touchez, & qu'ils pensent à ce qu'ils viennent d'entendre. Ce qui est mesme assez conforme à ce que disoit autrefois le grand Symmachus, dans une de ses Epistres aux Empereurs Theodose & Arcadius, *La grandeur de l'admiration & de l'estonnement ne permet pas, qu'on donne des loüanges ny des applaudissemens*. C'estoit ainsi qu'on faisoit aux Sermons de ce Predicateur, qui preschoit il y a quelque temps à Paris, d'une maniere si forte & si touchante les veritez les plus terribles de nostre Religion. Quand on en sortoit, l'estonnement où estoient ses auditeurs, & la compoction de

Magnitudo stuporis locum plausibus nonrelinquit. *Lib.* 10. *ep.* 22.

Le Pere de Lingendes.

cœur qu'ils ressentoient, leur imposoit un silence qui parloit bien haut à son avantage. Sur quoy je ne puis m'empescher de dire l'avanture qui m'arriva il y a quelques années, entendant un Predicateur qui preschoit des souffrances d'un air brillant & poly. Les Dames qui levoient les yeux au Ciel, pendant son discours, disoient de temps en temps, *Que cela est jolly ! qu'il presche agreablement !* J'en fus indigné: on le trouvoit agreable dans un sujet, où il devoit estre terrible: & il ne donna que du plaisir dans un discours où il ne devoit donner que de la douleur & de la componction. Il y a une autre vanité encore plus sotte que celle-là : dont il faut avertir les Predicateurs, qui sont en reputation d'estre gens de bien, & d'estre touchans : de s'attribuer de la gloire d'avoir touché, quand il leur est arrivé de le faire : il n'est rien de plus puerile. Il est bon de les détromper : qu'ils sçachent donc ces Predicateurs touchans, que quand ils ont touché, ils n'ont rien fait tout au plus, que ce que l'impresſion de la voix, & le ſon exterieur de la parole ont accouſtumé de faire. Noſtre Religion nous apprend que c'eſt le S. Eſprit, luy ſeul, qui fait le reſte.

XXIV.

Luc. c. 10. n. 18.

Si noſtre Seigneur voyoit autrefois le mauvais eſprit ſe meſler imperceptiblement comme un éclair dans les ſecretes complaiſances qu'avoient ſes Apoſtres de leurs ſuccés: & ſi les Apoſtres confirmez qu'ils eſtoient en la grace, parmy les premices de l'eſprit Saint qu'ils avoient receu, s'enfuyent des lieux où ils reüſſiſſent, pour ne pas ſuccomber à la vanité: un Predicateur ſenſible à ſa gloire, & tendre à l'applaudiſſement, peut-il eſtre en ſeureté? Et n'eſt-ce pas avaler le poiſon à longs traits, que de ſouffrir la loüange & de l'aymer dans une fonction ſi ſainte, laquelle ne peut s'attirer la benediction du Ciel, que par le deſintereſſement & par l'humilité? Car il eſt toûjours dangereux de reüſſir & de n'eſtre pas humble. Il ne faut que faire reflexion

Act. Apoſt. 2. 14.

reflection sur la conduite de S. Paul. On veut luy rendre des honneurs extraordinaires dans une ville de Lycaonie, parce qu'il parloit bien. Il s'emporte contre ceux qui veulent luy rendre ces honneurs, il y resiste avec une fermeté qui les estonne, il éleve la voix, il déchire ses habits: enfin que ne fait-il point? C'est ainsi qu'un Predicateur qui a un talent extraordinaire doit faire. Et s'il ne fait luy-mesme ce qu'il presche, s'il ne s'humilie dans ses succés : ce talent qui luy attire l'admiration & l'applaudissement des peuples, sera la source de son malheur & la cause de sa perte.

XXV.

On ne reüssit pas aussi quelquefois à la predication, pour s'abandonner trop à soy-mesme, sans penser à demander, dans un si saint ministere le secours du Ciel aux pieds du Crucifix. Ainsi on est reduit à mêler ses imaginations & ses foiblesses à la grandeur & à la sainteté de nos mysteres. Comme ce Predica-

Sufficientia nostra ex Deo est, qui idoneos nos fecit ministros novi testamenti. 2. Cor. c. 3. v. 5.

teur impertinent, qui ayant un jour preſché fort miſerablement devant le Cardinal de Richelieu : Il alla luy en faire compliment apres le Sermon, & adjoûta d'un air aſſez interdit à ce compliment, qu'il avoit eſté obligé de s'abandonner au ſaint Eſprit, n'ayant pas eu le temps de ſe preparer : qu'une autrefois il ſe prepareroit, & qu'il feroit mieux. Le Cardinal luy répondit agreablement: qu'il pouvoit ſe diſpenſer pour cette fois de reconnoiſſance au S. Eſprit, parce qu'il luy avoit peu d'obligation, pour le Sermon qu'il venoit de faire. Il y a je ne ſçay quoy de ſi grand, & de ſi relevé dans nos myſteres, qu'il ſuffiroit de les expoſer ſimplement, & ſans art au peuple, pour meriter toute la gloire qu'on peut eſperer de l'Eloquence : s'il eſtoit honneſte de preſcher pour ſa reputation. Car on dit bien d'ordinaire, & l'on eſt toûjours éloquent, quand on a de grandes choſes à dire, qu'on a du ſens, & qu'on y penſe.

XXVI.

On traite indignement la parole de Dieu, de la reduire à des amplifications pueriles de petits ſujets, & à de pures bagatelles, dans le grand nombre de matieres importantes à traiter, que peut fournir noſtre Religion. Comme font par exemple ces petits Predicateurs, qui font les zelez contre les mouches, les garnitures, la coiffure, & les autres vanitez des femmes. Un habile homme commence par donner de la terreur des jugemens de Dieu, & par épouvanter les eſprits: il n'y a rien de plus fort pour détruire le luxe, ny qui ſoit plus capable d'introduire la modeſtie des habits: c'eſt par là qu'il faut débuter: on badine, quand on s'amuſe à faire autrement. Et en verité, dans une abondance ſi riche de grandes matieres que l'Evangile peut fournir au Chreſtien, il y a de la baſſeſſe d'eſprit de s'arreſter à de petits ſujets. Je ne ſçay meſme par quel malheur nos Predicateurs deviennent quelquefois petits, dans les grandes matieres qu'ils ont à traiter : lors que les Payens deviennent grands & élevez dans les petites choses qu'ils ont à dire. J'ay honte quand je lis l'oraison d'Eschines contre Ctesiphon, où cet Orateur fait éclater avec tant d'art la force d'une Eloquence payenne, dans des bagatelles. *Nous sommes*, dit-il, *parvenus à la feste des Corbeilles : les victimes sont déja sur les autels, le sacrifice est prest : & vous vous preparez à demander aux Dieux ce qui est necessaire à l'Estat. Mais considerez auparavant avec quelle voix, avec quel esprit, & avec quelle asseurance vous leur presenterez vos vœux ; si vous laissez impunie l'impieté de ceux qui ont violé les mysteres.* Voila en effet de la chaleur, & mesme de la grandeur dans un petit sujet : en comparaison de la langueur & de la foiblesse de la pluspart des Predicateurs Chrétiens : qui au lieu de s'élever par la majesté & par la grandeur de nos mysteres, s'amusent à de petites choses : parce qu'ils n'ont pas la force de s'attacher aux grandes. La froideur où se trouvent la plus part de ceux qui prefchent en parlant des auguftes & redoutables myfteres de noftre Foy, eft une marque de peu d'application qu'ils ont à les penetrer, & une punition de ce qu'ils ne font pas touchés eux mefmes des grandes veritez qu'ils debitent pour toucher les autres. Au refte le genre grave & le ferieux eft le caractere effentiel à la Chaire: qui ne peut rien fouffrir de bas, de froid, de trivial, & de puerile. Pour y parvenir il ne faut qu'imiter l'Apoftre: qui au lieu de s'amufer à chercher des ornemens profanes, faifoit tout fon art & toute fon éloquence de la meditation continuelle des grandeurs de JESUS-CHRIST. *Non doctas fabulas fecuti, notam fecimus vobis Iefu Chrifti virtutem, fpeculatores facti illius magnitudinis.* Pet. ep. 2. c. 1.

XXVII.

Les matieres les plus propres à prefcher ne font pas les plus fublimes ny les plus éclatantes: ce font celles qui font les plus édifiantes & les plus fimples. Ainfi l'on doit fort blâmer cette fantaifie de bel efprit, qui a regné depuis quelque temps pour les desseins brillans, & pour les distributions de discours ingenieuses, à qui les Dames donnoient si fort leur approbation. Telle fut la distribution de ce Predicateur, qui pour prescher les souffrances, pensoit avoir bien rencontré, de montrer dans les deux parties de son discours, *Les souffrances dans les plaisirs, & les plaisirs dans les souffrances.* L'affectation de ces sortes de discours sent si fort la declamation, qu'on doit l'éviter : cela fait pitié dés qu'on a un peu de bon sens, & j'ay esté surpris que cette belle distribution ait trouvé des protecteurs. Je m'imaginois que la gravité de la Chaire, & la dignité de la parole de Dieu ne s'accommodoit pas de ce tour jolly & enjoüé, qui ne va qu'à la reputation de bel esprit, & point du tout à l'édification. J'avois mesme crû que la severité du Christianisme demandoit plus de simplicité, & moins d'art : & qu'elle recherchoit plûtôt le profit que le plaisir : je m'en rapporte au sentiment de ceux qui s'y entendent.

Je declare apres tout, pour ne choquer aucun de ceux qui y prennent interest, que je ne pretends blâmer en ces distributions ingenieuses, que l'affectation : & j'auouë que celle, dont j'ay cité l'exemple, pourroit estre bonne, par un tour plus simple & moins compassé. Et je dis en general, que ces jeux de paroles, ne sont d'ordinaires que de fausses lueurs d'esprit, qui donnent trop à l'imagination, & ne conviennent nullement à la Chaire ; que dans ces oppositions si recherchées, il y a rarement du solide, quoy qu'il y ait du brillant ; que les parties mesme se trouvent souvent comprises les unes dans les autres, quand on en fait une exacte discussion ; & que ce n'est quelquefois qu'une mesme chose en effet, quoy qu'il y en ait deux en apparence. Outre que l'on s'expose à affoiblir son sujet par ce soin si curieux qu'on a de luy donner un tour agreable : qui seroit plus fort s'il estoit plus naturel. Comme ce goût est faux & qu'il sent la declamation, on en est un peu détrompé : il n'y a plus que

Majori animo aggredienda est eloquentia. *Quintil.*

les jeunes Predicateurs qui s'amuſent à chercher fineſſe dans la diſtribution de leurs diſcours. Ce n'eſt pas la maniere de ſaint Chryſoſtome ny des grands perſonnages, qui trouvent que les diſtributions les plus communes, eſtant les plus naturelles, ſont toûjours les meilleures. Il faut dire la meſme choſe de ces avant propos d'éclat & de ceremonie propres à ébloüir : & qui dans le fond ne ſervent de rien qu'à épuiſer la patience de l'auditeur : C'eſt auſſi un défaut des jeunes gens, qui cherchent a briller par ces pompeux preambules ſur la concupiſcence, ſur le peché originel, ſur la grace, & ſur les autres lieux communs éclatans : qui ont plus l'air de la declamation & de l'academie, que de la Chaire. On ſe méprend fort, dés que la reputation de bel eſprit entre dans l'uſage de l'Eloquence : qui ne peut reüſſir que par le naturel tout pur, par la ſimplicité, & par le bon ſens.

XXVIII.

Rien n'a plus ſervy aux Apoſtres, pour perſuader l'Evangile aux peuples, que de le pratiquer. Leur exemple estoit une grande instruction, & leurs predications devenoient plus fortes par leur humilité, par leur mortification, & par leur pauvreté, que par les raisonnemens & le discours. En effet, le Christianisme ne peut mieux se persuader, que par les mœurs de celuy qui le presche: la vie d'un Predicateur doit estre le témoignage de la verité qu'il enseigne: sa conduite, ses paroles, sa conversation, & toutes ses actions doivent estre irreprochables: l'Eloquence de JESUS-CHRIST fut de faire le premier, ce qu'il enseignoit. Car on ne peut enseigner utilement, qu'on ne pratique ce qu'on enseigne: il n'est rien de plus froid, qu'un Predicateur qui n'a que des paroles; & quoy qu'on puisse dire de bon: si les mœurs sont suspectes, les raisons le seront aussi.

Cœpit facere & docere. Act. 1.

XXIX.

Un Predicateur qui presche une Morale étroite & severe, avec un visage, ou un air trop fleury, ne persuade pas aisément ce qu'il dit: par-

Ne vultu destrue dicta tuo. *Ovid.*

ce qu'il donne lieu de croire, qu'il ne le pratique pas : son visage détruit ses raisons. Tout le monde a vû le peu de succés de celuy, qui avec une envie trop grande de faire le terrible & le severe, ne faisoit toutefois aucune impression sur les esprits, par toute l'émotion de son zele : parce que la rigueur de sa Morale n'avoit rien encore diminué de son embonpoint, on s'en rapportoit plus à sa physionomie, qu'à ses raisons. Il est bon d'avertir ces Predicateurs zelez, qu'il y a du ridicule à affecter de faire le severe, avec un visage qui n'a rien que de réjoüissant. Ce n'est pas qu'on ne puisse imposer au peuple, dont les lumieres sont bornées : mais l'exterieur ne luy impose point : il en juge par ce qui luy en paroist. Il faut mesme quelquefois dire peu, pour persuader beaucoup : car tout devient faux dans la bouche d'un Predicateur, qui a la reputation d'amplifier. Mais il faut remarquer que celuy qui presche la loy, & qui la viole, commet une double faute. Car il se déregle luy-mesme, & autorise par son exemple le déreglement des autres.

XXX.

On eſt ſi fort perſuadé de la reflexion que je viens de faire, qu'il y a des Predicateurs dont l'artifice ordinaire eſt d'impoſer à leurs auditeurs, & de ſe donner pour d'autres qu'ils ne ſont. La morale qu'ils preſchent eſt d'autant plus ſevere, que celle qu'ils pratiquent eſt douce & commode. Et parce qu'en preſchant l'Evangile il faut neceſſairement édifier l'auditeur, pour ſoûtenir la ſainteté de ſon miniſtere : on ſe contraint de prendre ſur ſoy au moins les apparences de la ſeverité : quand on ne peut ſe reſoudre, par la douceur de la vie qu'on mene, à vivre ſeverement. Mais de tous ces pretendus zelez, qui ne veulent ſe diſtinguer que par l'auſterité de la morale qu'ils debitent, les plus dangereux ſont les devots bizarres, preſomptueux & de petit ſens, qui preſchent au peuple des devotions chimeriques, & leurs viſions toutes pures : qui ſans diſtinguer ce qui eſt eſſentiel, d'avec ce

Impoſuimus populo, oratores viſi ſumus. *Cic. in Brut.*

qui ne l'eſt pas, portent les choſes dans les dernieres extremitez. Je ſçay qu'il y en a qui le font de bonne foy, ſans y entendre fineſſe: parce qu'ils ont une imagination naturellement forte, qui eſtant ſoûtenuë de peu de lumiere, conçoit de travers les veritez de l'Evangile. Ainſi ce n'eſt pas l'eſprit qui eſt le maiſtre, il ſe laiſſe conduire à l'imagination, laquelle eſtant emportée, tout ce qui ſe dit par ſon impreſſion, eſt auſſi emporté. Il faut éviter avec ſoin les Predicateurs de ce caractere, qui peuvent faire d'étranges deſordres dans le peuple, ſur tout parmy les femmes, naturellement foibles & ignorantes. Car plus un Predicateur eſt ſevere, plus ſa conduite eſt bizarre, plus elles s'en enteſtent. Ce deſordre n'eſt que trop frequent en ce ſiecle, auſſi bien que celuy de la fauſſe devotion. Ce qui a donné lieu de décrier ſi fort ceux, qui dans le monde en font une eſpece de profeſſion, pour ſe diſtinguer des autres. Mais on n'eſt gueres devot, quand on ne cherche à ſe diſtinguer, que par la profession, qu'on fait de l'être.

XXXI.

Combien y a-t-il de Predicateurs, qui par la vehemence de leurs discours rompent tous les jours la teste à leurs auditeurs, pour les porter à se corriger de leurs défauts, eux qui ne pensent jamais à se défaire de ceux ausquels ils sont sujets ? Ils estudient les Peres, la Theologie, la Rhetorique, & tout ce qui peut contribuer à les rendre habiles : enfin ils estudient tout, & ne s'estudient pas eux-mesmes. Leur méchante prononciation, leurs mines, leur action, leurs gestes si peu conformes à la bien-seance, & tout ce qu'il y a de choquant dans leur exterieur dure toûjours : ils ne s'en défont jamais : & par cette negligence de leur personne, ils corrompent le plus souvent les autres bonnes qualitez naturelles, qui pourroient peut-estre contribuer à les rendre utiles & profitables, s'ils vouloient se donner la peine d'y penser. Mais comment peuvent-ils se

Frons in pluribus generibus peccat. *Fab. l. 1. c. 11.*

Infinitum est autem in iis momentum, & nihil potest placere quod non decet. *Ibid.*

negliger ſi fort, ſans donner lieu de croire, qu'ils negligent encore davantage leurs auditeurs. Quelle deference peut-on avoir, pour ce qu'ils diſent: puis qu'ils ne veulent en avoir pour perſonne? Nous apprenons qu'un Orateur profane pour ne pas bleſſer les yeux de ſes auditeurs par un mouvement indécent de l'épaule, ſuſpendoit au deſſus de luy une épée nuë, pour arreſter ce mouvement deſagreable: & nos Predicateurs s'abandonnent à tout ce qui peut rendre leur maniere odieuſe, ſans ſe donner la peine d'y penſer.

Plutarc. in Demoſt.

XXXII.

Un Predicateur Chreſtien ne doit rien tant éviter, que tout ce qui a trop d'éclat dans les paroles, & meſmes dans les penſées: il doit s'étudier à parler nettement & ſans affectation. L'Eloquence de la Chaire ayme la pureté ſans rechercher l'élegance: elle veut eſtre forte, ſans ſe ſoucier d'eſtre agreable: elle n'a rien de groſſier ny rien d'affetté: & elle prend toûjours plus de ſoin de ce qu'elle

Predicatio mea non in perſuaſibilibus humanæ ſapientiæ verbis, ſed in oſtenſione ſpiritus & virtutis Paul 1. *Cor. c.* 24.

Iacent ſenſus in oratione, in qua verba laudantur. *Quintil.*

pense que de ce qu'elle dit. Tout ce qui est estudié & brillant luy paroist faux, elle ne peut s'en accommoder : & toute cette vaine affectation de langage qui corrompt la pureté & la sainteté de la parole de Dieu luy paroist profane : elle n'ayme dans le discours que ce qui est droit, simple naturel. Le commerce avec les Sermonaires Italiens & Espagnols, pour y trouver de l'esprit, luy est fort contraire. On cherche les Modernes à qui l'on s'amuse : parce que l'on ne connoist pas les Anciens, & l'on se fait une fausse idée de cette Eloquence : dont le caractere est fort opposé à tout ce qui est recherché, brillant, & ingenieux. La veritable Eloquence de la Chaire ne doit rechercher à se soûtenir, que par la grandeur des sujets qu'elle traite, par sa simplicité, & par le bon sens. C'est l'affoiblir que de pretendre l'orner par les richesses des Payens : on doit bannir de la Chaire ces citations d'Auteurs profanes, & toutes ces reflexions sur leurs maximes, & sur leurs histoires, qui en sont tout à fait indignes. L'E-

Ad Græcos ire jubeo, ut à fontibus potius hauriant, quam rivulos consectentur. Cic. 1. acad.

criture ſainte eſt aſſez riche pour fournir de ſon fonds les ornemens, qui peuvent eſtre d'uſage à cette Eloquence : quand on l'a bien meditée, l'on ſçait y trouver les raiſons & les éxemples, pour eſtablir les choſes dont on parle. Toute autre autorité ne doit point avoir lieu dans la Chaire, comme eſtant étrangere & peu conforme à la ſainteté de ſon caractere. Un Predicateur Chrêtien, qui ne doit rien mettre en uſage que de ſaint, doit faire ſcrupule de ſe ſervir de tout ce qui ne l'eſt pas. Il ne doit auſſi jamais ſe mettre dans l'eſprit d'affecter ces entrées de diſcours ſi éclatantes, dont les penſées ſurprennent l'eſprit de l'auditeur, & l'ébloüiſſent d'abord. Mais qui bien loin d'avoir cette onction, laquelle accompagne d'ordinaire la parole de Dieu, la reduiſent à une ſechereſſe, qui la rend ſterile & infructueuſe.

Non me delectat tam curioſum principiũ. *Lyc. ſat.*

XXXIII.

Enfin le caractere le plus eſſentiel à la Chaire, & à quoy l'on ne s'eſtudie preſque point, eſt l'art de donner divers

vers jours à une meſme penſée, qu'il eſt bon de tourner en pluſieurs manieres: parce que le peuple qui fait d'ordinaire le plus grand nombre, dont chaque auditoire eſt composé, n'a pas la conception prompte & facile. Ainſi il eſt à propos que le Predicateur qui veut faire du fruit, & eſtre utile, propoſe les veritez de l'Evangile d'une façon à les inſinuer peu à peu dans l'eſprit de ſes auditeurs: pour faire enſuite les impreſſions neceſſaires ſur le cœur. Et cela ne ſe peut faire plus ſeurement, que par les divers tours qu'il peut donner à une meſme propoſition, pour l'imprimer plus profondement dans l'ame de ceux qui l'écoutent: à force de la faire entrer par de frequentes repetitions des meſmes choſes, ſous des paroles differentes. C'eſt ainſi que S. Chryſoſtome preſchoit dans les premiers ſiecles de l'Egliſe, & que Grenade a preſché dans les derniers: ils ont eſté tous deux des modeles des plus achevez, qu'on puiſſe propoſer aux Predicateurs. Un diſcours pour avoir ce caractere ne doit pas eſtre fort chargé de matiere , afin de ne pas accabler l'auditeur. Ainsi cette rapidité d'Eloquence , qui plaist si fort aux petits esprits, & qui n'est recommandable , que parce qu'elle a d'emporté & d'impetueux , n'est nullement bonne pour le peuple, qui n'a l'esprit , ny assez penetrant , ny mesme assez prompt pour en suivre le cours , & en retirer du fruit. Aprés tout, la meilleure de toutes les manieres de prescher est celle, qui est la plus capable d'imprimer au peuple du respect & du sentiment pour la parole de Dieu.

XXXIV.

C'est un faux usage de l'Eloquence sacrée, que celuy que font certains Predicateurs , lesquels se servent du ministere de la parole , pour parler en Chaire contre des particuliers. Le Predicateur ne doit jamais parler qu'en general , & ne point descendre dans un détail qui ait du rapport aux personnes. Ainsi un Predicateur de Province ne doit jamais prescher des devoirs des Charges uniques de la Province, comme d'un Eveſque, d'un Gouverneur, d'un Intendant: parce que l'on ne peut en parler, ſans marquer les perſonnes. Il doit toûjours éclater dans ce qui ſe dit en Chaire un certain caractere de prudence, & de charité chreſtienne, qui doit épargner les perſonnes, ſans épargner les défauts. Ils eſt de la prudence de ne rien dire qui puiſſe bleſſer aucun de ceux à qui l'on parle: & il eſt de la charité, de ne rie n dire qui puiſſe ſcandaliſer. Ainſi ce Predicateur Eſpagnol avoit tort qui preſchoit un jour en preſence du Roy Philippe Quatriéme & de ſa Cour avec une liberté de dire tout ce qui luy venoit dans l'eſprit, & de cenſurer inſolemment la perſonne du Roy, dans l'eſperance d'eſtre Eveſque ou d'eſtre exilé: il repaiſſoit également ſon ambition par deux pretentions ſi opposées: l'exil l'eût rendu conſiderable au peuple, & une Croſſe l'eût tiré de la pouſſiere. Il ne fut jugé digne ny de l'un ny de l'autre: & il fut puny comme il le meritoit: c'eſt à dire, par un grand mépris qu'on fit de ſes extravagances, ausquelles on ne luy fit pas mesme l'honneur de penser.

XXXV.

Les vrays modeles de la maniere dont il faut prescher chrestiennement se doivent prendre, sur la maniere dont saint Pierre & saint Paul preschoient aux nouveaux Chrêtiens. Ce ne sont point des raisonnemens vains & subtils que leurs discours : c'est une narration toute simple, avec une explication des mysteres de la mort de nostre Seigneur, & de la Redemption. Ce sont des mouvemens doux & forts ; de certains traits particuliers d'une Eloquence pure & naturelle, un grand usage de l'Ecriture sainte, & des exemples tirez de l'ancien Testament : mais par dessus toutes choses une onction de grace & de devotion plus capable de persuader, que tout l'artifice de la Rhetorique profane. On trouve dans les Actes des Apostres des abregez de ces predications saintes & ardentes : dont on se peut faire de grandes idées, pour une fonction si apostolique :

& pour un miniſtere ſi ſaint.

XXXVI.

Le choix des matieres qui doivent eſtre traitées dans la Chaire, eſt d'une tres-grande importance, & c'eſt encore à quoy l'on ne penſe pas aſſez. On ſe fait une méchante couſtume de preſcher ſur l'Evangile qu'on ſe propoſe, ce que preſchent les autres. La difficulté eſt de concevoir un grand ſujet : on ne le fait preſque point : parce qu'on a de baſſes idées d'une ſi ſainte fonction , & parce qu'on penſe les choſes trop communement. Les excellens Predicateurs ſçavent fort ſe diſtinguer en ce point, de ceux qui ne ſont que mediocres. En effet, c'eſt un talent des plus eſſentiels des grands genies de ſe faire de grandes idées, dans toutes les matieres qu'ils traitent, auſquelles ils ſçavent donner le tour naturel qu'elles doivent avoir. Car comme un ſujet n'eſt relevé, que par ce qu'il a de ſolide: tout ce qui paſſe par la teſte d'un Predicateur, qui a l'eſprit ſublime & ſolide, le devient auſſi : & tout ce qui eſt ſolide, eſt toûjours propre à eſtre preſché. Mais parce que ce talent eſt rare; & que le commun des Predicateurs manque beaucoup en ce choix, par les ſujets recherchez & peu naturels qu'ils ſe font, on doit leur conſeiller de conſulter ſouvent les Peres Grecs, ſur tout de ſaint Baſile, de ſaint Chr[illegible]ſtome de ſaint Gregoire le Grand, de ſaint Bernard, & quelques uns des Peres Latins, & pour ſe donner de la matiere, & pour former des deſſeins ſur de ſi bons modeles. Sans s'amuſer à en chercher dans les Modernes qui ont imprimé des Sermons : où l'on trouve rarement de quoy profiter. Du Pont & Grenade pourroient ſuppléer à ce default. Ce ſont deux grands originaux pour fournir des fons aux diſcours, qu'on a à faire ſur noſtre Religion, & ſur les veritez chreſtiennes qu'on a à traitter.

Il reſte pour achever ces Reflexions ſur l'Eloquence de la Chaire, d'en propoſer quelque modele, ſur lequel ceux, qui ont du naturel pour l'Eloquence, puiſſent ſe former. Voicy les deux plus parfaits de tous les Predicateurs que j'aye connus dans ce ſiecle. Car je declare que je ne pretends point parler des vivans. Quelque accomplis que paroiſſent ces deux grands hommes, par ce que j'en diray : ceux qui les ont entendus parler, reconnoiſtront que je ne les fais pas plus grands qu'ils ont eſté, & que ce n'eſt point des Predicateurs ſeulement en idée : mais qu'ils ont eſté tels en effet que je le dis, ſans qu'on doive me ſoupçonner, que j'impoſe, ou que j'amplifie.

Le premier avoit un naturel pour l'Eloquence le plus grand que j'aye vû : il eſtoit bien fait de ſa perſonne, il avoit de la modeſtie & de la gravité, il avoit le viſage agreable, & tout l'exterieur grand : il s'attiroit du reſpect par celuy qu'il portoit à ſes auditeurs : ſa voix n'eſtoit pas fort éclatante, mais elle avoit du corps, de l'eſtenduë, de la fermeté, & je ne ſçay quoy d'inſinuant, qui le faiſoit écouter avec application dés qu'il ouvroit la bouche pour parler. Les qualitez de ſon eſprit répondoient

Le Pere de Lingendes.

assez à ce dehors : il avoit la penetration grande, l'intelligence exquise, le sens droit, la comprehension aisée, l'imagination nette, & un jugement fort solide : sa capacité consistoit dans une parfaite connoissance de la Theologie, qu'il sçavoit beaucoup mieux que ceux qui l'enseignent : ce qui luy donnoit un air fort decisif dans les matieres qu'ils traitoit : il avoit joint à cette connoissance une science profonde des Peres, dont il avoit coûtume de se servir avec tant de bon-heur & d'adresse, qu'il sembloit qu'ils n'avoient écrit les choses que pour luy. Mais rien ne relevoit d'avantage l'éclat de cette capacité, que cette admirable Eloquence dont il se servoit si heureusement, pour faire les impressions qu'il vouloit sur les esprits, par le tour qu'il donnoit aux choses. Ses raisons se soûtenoient tellement les unes les autres, que les dernieres estoient toûjours plus fortes que les premieres : & outre qu'il n'y avoit rien de faux, ny rien d'égaré dans son raisonnement, que tout y estoit solide ;

de; la force de son discours alloit toûjours en s'augmentant comme par degrez pour frapper encore davantage les esprits à la fin qu'au commencement. Enfin son veritable talent estoit d'éclairer pleinement l'entendement, & de toucher encore plus fortement le cœur. Tout son discours estoit un éclaircissement merveilleux des matieres qu'il traitoit: & apres avoir jetté dans l'esprit la semence des mouvemens qu'il se proposoit par une abondance, & un épanchement de lumieres dont il estoit plein, il faisoit joüer tous les ressorts de l'ame, par tous les mouvemens dont il la jugeoit capable d'estre touchée: & il enflammoit le cœur, par tout ce qu'il y avoit de feu & d'ardeur dans les passions, dont il sçavoit l'art, par une Rhetorique particuliere, qu'il s'estoit faite. On commençoit alors à l'écouter avec plaisir, parce qu'il s'insinuoit dans les esprits par l'artifice de son Eloquence: & on ne craignoit jamais tant de le voir finir, que quand il estoit prest de le faire. Car c'estoit alors qu'il entroit dans les cœurs, pour s'y rendre le Maiſtre, & pour y faire ce qu'il luy plaiſoit. Il avoit ce don de perſuader en touchant, dans un ſi éminent degré, que j'ay vû des libertins qui ne pouvoient ſe reſoudre d'aller l'entendre, dans la crainte qu'ils avoient d'eſtre contraints de ſe rendre à la force de ſes raiſons: car on eſtoit pris, dés qu'on l'écoutoit. Mais rien ne parloit tant à ſon avantage que le profond ſilence de ſon auditoire: quand il avoit achevé ſon Sermon. On voyoit ſes auditeurs ſe lever de leurs chaiſes le viſage paſle, les yeux baiſſez, & ſortir tout émûs & penſifs de l'Egliſe, ſans dire un ſeul mot: ſur tout dans les matieres touchantes: & quand il avoit trouvé lieu de faire le terrible: ce qu'il faiſoit fort ſouvent, perſuadé qu'il eſtoit de la maxime de ce grand Maiſtre de l'art: *Naturaliter plus valet apud plurimos malorum timor, quem ſpes bonorum.* Quintil. l. 3. cap. 8. En effet, l'eſprit du peuple eſt moins ſenſible à l'eſperauce du bien, qu'à la crainte du mal. Ce qui luy faiſoit dire qu'un Predicateur devoit épouvanter presque toûjours, & c'estoit assez son caractere. Mais comme il preschoir quelquefois par humeur, à quoy les plus grands hommes sont sujets: il avoit en de certains jours des pesanteurs d'esprit, qu'on eût eu de la peine à luy pardonner, sans son air touchant & pathetique, qui estoit son premier talent.

L'autre Predicateur, que j'ay connu, avoit tout le naturel, & j'ose mesme dire toute la capacité du premier : mais il l'avoit d'une maniere bien differente. Jamais on n'a vû dans aucun Orateur plus d'art que dans celuy-cy, ny jamais plus d'attention à le cacher. Car sous une apparence de simplicité & de negligence, il couvroit l'artifice le plus grand qui ait jamais esté. Cette negligence mesme estoit accompagnée de tant de graces, qu'il charmoit toûjours, parce qu'on estoit persuadé par sa façon de parler, qu'il ne pensoit à rien moins qu'à charmer. Son souverain talent étoit le secret qu'il avoit trouvé de faire croire, que tout son art estoit naturel : parce qu'il estoit ca- Le Pere Castillon.

ché ſous la negligence la plus eſtudiée qui fut jamais : & ce qu'il diſoit de plus commun avoit un air ſi aiſé, que tout commun qu'il eſtoit, il ne reſſembloit point, à ce que diſoient tous les autres. On prenoit ſes diſcours les plus premedités, pour des choſes dites ſur le champ, dans la chaleur de l'imagination, ſans preparation aucune. Ainſi ſes auditeurs s'abandonnoiẽt aiſément au plaiſir qu'il y avoit de l'écouter : ils s'y laiſſoient aller, ſans prendre de precaution, & ſans s'en défier. Comme ſes raiſonnemens eſtoient ſolides, & qu'il ſçavoit les expoſer dans toute leur force, ils faiſoient grande impreſſion ſur les eſprits : mais la maniere de les debiter eſtoit ſi agreable, qu'on ne pouvoit l'entendre ſans eſtre enchanté. C'eſtoit l'effet le plus ordinaire de ſon Eloquence, qui eſtoit moins dans les paroles & dans les choſes, que dans la maniere de les penſer & de les dire. De ſorte que comme il avoit l'art de plaire en tout ce qu'il diſoit, & que dés qu'il parloit on ſe ſentoit ſaiſi des graces avec leſquelles il le disoit, il estoit souverainement éloquent, parce qu'il persuadoit toûjours. Il sçavoit mesler la force du raisonnement à celle de l'autorité & de l'exemple, avec un temperament qui rendoit beau tout ce qu'il disoit. Si bien qu'il conduisoit l'esprit de son auditeur comme pas à pas où il luy plaisoit : parce qu'on ne pouvoit se défendre du plaisir qu'il donnoit. Sa Morale estoit droite, parce que son sens l'estoit : les sujets qu'il traitoit estoient toûjours grands, par l'importance des veritez qu'il y mesloit : il n'avoit rien de faux dans les pensées, rien de superflu dans les paroles : quelque digression qu'il fît, il revenoit toûjours à son sujet sans s'écarter. Par des manieres si agreables il alloit plus droit au cœur, que l'autre, qui prenoit de grands détours, pour y aller par l'esprit. On estoit à la verité plus émeu & plus frapé par la force & par la vehemence du premier : mais on estoit plus charmé, plus attendry, & plus penetré par les graces & par tous les agrémens du second. Apres tout, l'un & l'autre estoit tout à fait accomply dans le caractere qu'il avoit pris, & dans l'Eloquence qu'il s'estoit faite : & nous avons leurs Sermons imprimés, qui sont d'assés bonnes preuves de leur merite.

Un Predicateur aussi parfait que l'estoient ceux dont je viens de tracer l'image, est un des grands dons que Dieu puisse faire à son Eglise : parce que c'est un moyen de sanctifier les Provinces toutes entieres, & les Royaumes, en reformant la licence publique & les dereglemens des mœurs qui regnent parmy le peuple. C'est ce sel sacré dont parle l'E-
Matth. c. 5. criture, que Dieu oppose par les soins de sa Providence à toutes les corruptions qui ont cours dans le monde. Ainsi je croy que le peu d'excellens Predicateurs, qu'il y a en ce temps peut venir encore du peu de soin, qu'on a de demander à Dieu ces sortes de graces, qu'on ne peut assez luy demander. Ne nous lassons donc point de gemir auprés des Autels, & avec une foy vive, des vœux ardens, & une longue perseverance, faisons à

Dieu la priere qu'il ordonnoit à ses Apôtres, & qu'en leurs personnes, il recommande encore aujourd'huy à son Eglise.

Messis quidem multa, operarij verò pauci: Rogate ergo dominum messis, ut mittat operarios in messem suam. Luc. c. 10.

FIN.

Extrait du Privilege du Roy.

PAR grace & Privilege du Roy, Signé, D'ALENCE. Il eſt permis à........ de faire imprimer un livre intitulé, *Reflexions ſur l'uſage de l'Eloquence de ce temps*, par tel Imprimeur ou Libraire qu'il voudra choiſir : & défenſes ſont faites à tous autres : de quelque qualité & condition qu'ils ſoient d'imprimer ou faire imprimer, vendre ny debiter ledit livre, ſans le conſentement dudit Expoſant, à peine de l'amende portée par ledit Privilege. Donné à Paris le 21. Septembre. 1670.

Et ledit Expoſant a cedé ſon droit de Privilege à François Muguet, & à Claude Barbin, Marchands Libraires, pour en joüir pendant le temps porté par iceluy, ſuivant l'accord fait entr'eux.

Les Exemplaires ont eſté fournis.

Regiſtré ſur le Livre de la Communauté, le 7. Novembre 1670.

Signé, L. SEVESTRE, Syndic.

www.ingramcontent.com/pod-product-compliance
Ingram Content Group UK Ltd.
Pitfield, Milton Keynes, MK11 3LW, UK
UKHW021148260726
13994UKWH00001B/347

9 782329 351377